Medium
Karina Traxinger

Das Jenseits blinkt Dir zu

Erfahrungen eines Mediums
und das Werkzeug zum Medialen

Magic Buchverlag
Christine Praml

Magic Buchverlag im Internet:
http://www.buchdesigner.de

Umschlaggestaltung: Magic Buchdesign, Birgit Kremer
Illustration: freie Cliparts
Herstellung: Magic Buchdesign, Birgit Kremer
Druck: Schaltungsdienst Lange o.H.G., Berlin
Printed in Germany
ISBN 3-936935-06-8

Vorwort

Der Grund warum ich dieses Buch geschrieben habe, ist für mich der, dass jeder die Fähigkeit besitzt Hellsehen und Hellfühlen zu können. Es braucht nicht eine besondere Gabe und es sind auch keine außergewöhnlichen Menschen wie manch einer glaubt, die dies beherrschen. Sie sind nur feinfühliger. Die einen mehr, die anderen weniger. Um diese Feinfühligkeit zu erlangen, möchte ich Ihnen meine jahrelange Erfahrung im spirituellen Bereich mitteilen, die ich als Medium machte und Sie selbst werden entscheiden, in wie weit oder ob Sie medial weitergehen möchten.

Tauchen Sie nun mit mir gemeinsam in meine Welt der Mystik ein – unsere Heimat, eine Welt in der Sie nicht nur das Universum finden. Eine Welt in der Sie Ihren Ursprung aktivieren. In der Licht und Liebe herrschen mögen. Vielleicht wird auch so mancher Skeptiker ein wenig Wertvolles darin finden.

Ich möchte Sie mit verschiedenen Themen vertraut machen. Vielleicht ist es nur eine Unterhaltung für Sie, vielleicht aber auch ein kleiner Weg, um Ihnen in mancher Hinsicht eine Stütze zu sein. Mit einigen praktischen Übungen werden Sie sehen, dass es gar nicht so schwer ist und auch Sie Ihre Fähigkeiten ans Tageslicht holen können. Auch die geistige Welt, genannt Jenseits, das Reich der Toten, ist uns näher als wir denken. Dieses Buch werden die Menschen finden, zu denen es auch gehört. Es kommt schließlich nichts zu uns, was nicht für uns bestimmt ist. Es gibt vielerlei Möglichkeiten die Welt der Mystik zu entdecken. In jedem Fall ist es wichtig, dass Sie niemals vergessen, dass Sie Ihr eigenes Leben selbst in der Hand haben.

Ich wünsche Ihnen nun liebevolle und auch erkenntnisreiche Stunden für die Reise mit mir, in eine Welt von morgen.

Karina Traxinger

Inhalt

Wie alles begann

Es war ein schöner Sommermonat, als ich in eine bürgerliche Familie hineingeboren wurde, in der man an Übersinnliches nicht glaubte. Man ging wohl zur Kirche, doch eher deshalb, weil es sich so gehörte. Es gab für sie den Himmel und die Hölle, und dazwischen war nichts.

Wie viele Menschen auf dieser Welt hatte auch ich keine besonders schöne Kindheit erlebt. Sie war nicht gerade auf Rosen gebettet. Ich lief am Rande mit, ohne dass man bemerkte, was mit mir geschah.

Meine Seele hat sich jedoch dazu entschieden dieses Leben zu leben, denn alles was geschieht ist für uns vorbestimmt. Schon bevor wir in diese Welt eintreten, ist uns jeder Schritt bekannt. Jeder von uns hat seine Aufgabe zu erfüllen, unsere so genannte Lebensaufgabe. Es ist eine Berufung, die uns in unserem Leben einen Sinn und Inhalt gibt. Hierbei spielt auch das Selbstwertgefühl eine große Bedeutung. Doch vergessen wir mit Eintritt unserer Geburt alles, um eine Weiterentwicklung nicht zu behindern.

Wir Menschen fragen uns oft, warum wir so manches hier erleben müssen. Vieles ist grausam und oft sind wir verzweifelt, denn die Welt steckt voller Leid. Wir erkennen erst in diesen Situationen, wie machtlos wir doch sind und fragen uns, für was das alles gut sein soll.

Ich fragte mich oft, warum so ein gütiger Gott so vieles zulassen kann. Schon immer, tief in meiner Seele, beschäftigte mich dies alles und so begann meine Forschung, meine für mich entdeckte Wahrheit. Welche, letzten Endes richtig ist, werden wir herausfinden, wenn wir nach Hause gehen. Allein dieser Gedanke erschreckt so manchen, denn nach Hause gehen bedeutet gleich Tod. Und wer beschäftigt sich schon gerne mit dem Tod. Er ist mit Angst und Kummer verbunden, ein Abschied für immer. Das dachte ich auch, bis ich mit 7 Jahren meine erste Entdeckung machte. Heute glaube ich an das Leben danach.

Häufig konnte ich Ereignisse sehen, die ich mir nicht erklären konnte. Ich sah das Schicksal verschiedener Menschen oder aber ich wusste aus heiterem Himmel was sich gleich ereignen würde. Es waren Dinge, die andere nicht zu sehen vermochten. Was mir diese Bilder sagen wollten, stellte sich auch oftmals als Warnung heraus. Damals erkannte niemand in meiner Familie, dass ich hellsichtig bin und es nahm auch keiner Notiz davon. Vieles konnte ich damals nicht erzählen, denn man lies mich gar nicht zu Wort kommen. Und die berühmten Wörtchen: »solange du deine Füße unter meinem Tisch hast« oder »sei still, es unterhalten sich Erwachsene« war an der Tagesordnung. So behielt ich auch meine Vorahnungen zunehmend für mich.

Auch Sie hatten sicherlich schon einmal ein Gefühl der Vorahnung. Entweder bewusst oder unbewusst. Vielleicht haben Sie es verdrängt oder es hat Ihnen niemand geglaubt.

Das Wassermannzeitalter ist nun angebrochen und wird ein Jahrtausend lang andauern. Es ist die Zeit in der sich die Schwingung erhöht, in der die Menschen die Möglichkeiten haben werden sich enorm weiterzuentwickeln. Es steht für Freiheit und geistige Entwicklung. Der innere Wert wird wieder mehr an Bedeutung gewinnen. Es wird unter den Menschen wieder ein Miteinander geben und dafür haben wir 2 000 Jahre Zeit. Es ist die astrologische Bezeichnung und verdeutlicht, dass sich unser Horizont erweitern wird. Das Denken verschiedener Kulturen wird sich verändern. Viele spirituelle Menschen setzen die Hoffnung in dieses Zeitalter. Es soll all die zerstörerische Energie der letzten Jahrhunderte zum Guten transformieren.

An einem Freitag ging ich, wie jeden Tag, zur Schule. Ich schlenderte in Gedanken versunken einen langen Waldweg am Rande der Amper entlang. Einen anderen Weg gab es nicht, um meine Schule zu erreichen. Unbewusst kommunizierte ich oft mit der geistigen Welt. Mein Leben sah ich oft als Bürde oder Last und durch meine Unsicherheit, war ich auch sonst sehr schüchtern. So unterhielt ich mich am liebsten mit dieser unbekannten Welt. Ein sehr ungutes Gefühl begleitete mich an diesem Tag, das bis zum Schulende anhielt. Wie in Trance sah ich einen Krankenwagen und den Tod meiner Urgroßmutter, mit dem ich nichts anfangen konnte. Es machte mir Angst. Der Unterricht ging an mir vorüber und ich war froh, als die Schule zu Ende war. Ich überquerte eine große Wiese und ging auf den Gleisen, die nicht mehr befahren wurden, balancierend nach Hause. Als ich ankam, stand der Notarztwagen vor mir. Ich sah nur noch wie sich die Türen schlossen. Schockiert stand ich da und blickte dem Krankenwagen wie in Zeitlupe nach, bis ich ihn nicht mehr sehen konnte. Meine Urgroßmutter Franziska hatte einen Schlaganfall. Sie war zu dieser Zeit der einzige Mensch für mich, der unendlich wichtig war.

Ich weinte sehr und setzte mich auf die Treppe, die zum ersten Stock des Hauses führte. Es ging alles drunter und drüber. In diesem Haus wohnte meine Mutter, mein Stiefvater, ein Onkel und außer meiner Urgroßmutter noch meine Großeltern. Ich ging auf mein Zimmer, ohne dass es jemand bemerkte. Am Abend rief das Krankenhaus an, man konnte ihr nicht mehr helfen. Zum ersten Mal erkannte ich, dass der Tod etwas Endgültiges bedeutete. Diese Endgültigkeit, jemanden nie wieder zu sehen! Ich konnte einfach nicht begreifen, dass sie nicht mehr da war.

Ausgebrannt und leer ging ich ins Bett. Ich spürte nur noch die Einsamkeit und den Schmerz, die zurückblieben. Meinen Tränen lies ich freien Lauf und richtete meinen Blick hinaus zum Fenster. Es brannte nur noch die Laterne, die von der Straße aus in mein Zimmer schien. Ich träumte einige Zeit vor mich hin, bis ich meinen Blick wieder ins Zimmer richtete. Gerade als ich dies tat, stand eine Gestalt vor mir. Es war kein Körper aus Fleisch und Blut. Die Erscheinung und auch mein Zimmer schienen sehr hell. Es waren Umrisse in Form eines Menschen, durch den man hindurchsehen konnte. Ich war wie geblendet, denn ich konnte das Gesicht erkennen. Es war meine Urgroßmutter. Ich traute meinen Augen kaum, was ich da sah. Sie stand vor mir und lächelte. Sie sah aus wie ein Engel. Es war keine Einbildung und dessen war ich mir auch bewusst, denn schließlich konnte ich mit meinen mittlerweile elf Jahren, das schon unterscheiden. Nur wie konnte dies möglich sein?

Mir wurde auf einmal ganz warm ums Herz und es waren nur noch Sekunden, dann war ihr Geist verschwunden. Komm zu mir zurück, sagte ich leise, komm, komm doch bitte wieder zurück. Doch sie kam nicht wieder. Was ich da erlebt hatte, glaubte mir natürlich kein Mensch. Es wurde als Unsinn abgetan, schließlich waren alle in unserem Haus dieser Materie nicht zugänglich. Tief in mir prägte mich dieses Erlebnis sehr und ich fragte mich, warum nicht jeder die geistige Welt sehen konnte. Warum ich! Oft und auch sehr lange zweifelte ich teilweise selbst an mir, bis eine Bestätigung nach der anderen sich erwiesen hatte. Dies kam mir seltsam vor. Also musste es auch etwas geben.

Es war ein unendlich langer Weg, bis ich das alles umsetzen und mir vertrauen konnte. Ich wurde älter und für mich stand fest, dass es ein Leben nach dem Tod geben müsse. Dadurch habe ich gelernt loszulassen und meine tiefe Trauer zu überwinden. So manche Ereignisse zeigten mir auch, dass ich beschützt bin und Hilfe von oben kommt, wenn man darum bittet. Man bekommt sie zur rechten Zeit. Dies wurde mir immer wieder gezeigt.

Eine weitere Geschichte erfolgte Jahre später. Es war an einem kalten verschneiten Morgen, an dem ich sehr früh außer Haus musste. Ich war auf dem Weg zu meiner Lehrstelle. Es passierte erneut etwas für mich Unerklärliches.

Zu Fuß ging ich in der Dunkelheit über einige verlassene Schleichwege, die ich täglich benutzte, um zum Bahnhof zu gelangen. Von dort aus ging mein Zug nach München. Ich hatte auf einmal ein seltsames Gefühl der Angst in mir. Es wurde immer intensiver. Es war als schnürte mir jemand die Kehle zu.

Ich hörte Schritte. Ich drehte mich um, aber die Straßen waren leer. Es war erst 5 Uhr morgens und dieser Weg war ohnehin nicht viel befahren. Ich konnte einen Mann erkennen, der sehr dunkel gekleidet war, und der mit schnellen Schritten auf mich zukam. Ich spürte intuitiv, dass etwas passieren würde, wenn ich nicht sofort anfinge zu laufen. Ich begann schneller zu gehen, aber auch dieser Mann wurde schneller. Schließlich begann ich zu laufen. Diese Todesangst war schrecklich für mich und in meiner größten und schlimmsten Panik, hörte ich eine Stimme. Diese sagte: »lauf nach rechts, dort wartet Hilfe.« Ich tat, was mir diese Stimme sagte, obwohl ich nicht wusste, woher sie kam. Ich hörte auf meine Intuition. Zumindest konnte ich diese wahrnehmen. Der Weg, den ich entlang lief, war eine Sackgasse. Ich saß in der Falle. Mein Herz raste wie wild. Dieser Weg war dunkel, dennoch erkannte ich im letzten Moment einen Hauseingang. Der Mann kam näher auf mich zu, und wie von Geisterhand öffnete eine Frau im selben Moment die Tür. Zitternd stand ich da und diese Frau nahm mich in den Arm. Sie fragte mich, was denn los sei.

Als ich auf diesen Mann zeigen wollte, war er nicht mehr da. Er war wie vom Erdboden verschwunden. Aber etwas anderes passierte. Ich konnte eine helle Erscheinung erkennen und etwas streichelte mir über die Haare. Diese Frau war es aber nicht. Als ich sie darauf ansprach, sagte sie nur, da ist nichts, das wird wohl noch der Schock sein. Ich glaubte dann selbst schon daran. Noch völlig durcheinander und verwirrt fuhr mich die Frau zur Polizei.

Wie sich später herausstellte, hatte dieser dunkel gekleidete Mann noch mehrere Frauen belästigt. Durch den Rat der Stimme blieb mir wahrscheinlich etwas erspart. Ich fing an zu beten und mich für jeden Tag zu bedanken. Es wurde für mich zum Ritual mit der geistigen Welt und Gott zu sprechen. Auch wenn viele unangenehme Sachen in meinem Leben passierten, so dankte ich auch dafür. Im Nachhinein habe ich erkannt, dass ich sehr viel daraus gelernt habe. Ich spürte immer mehr, dass ich nicht alleine war.

Als ich von zu Hause wegging, hatte ich nicht gerade viel Geld. Mein Elternhaus zu verlassen, war eine Flucht, denn ich fühlte mich gefangen ohne jegliches Verständnis. Leichtgläubig ging ich eine Ehe ein, obwohl man mich vor diesem Mann warnte. Er spiegelte mir ein Verhaltensmuster meiner Vergangenheit vor. Ich bin sehr früh Mutter geworden und versuchte meinen Kindern all die Liebe zu geben, die mir fehlte. Nach einem jahrelangen sexuellen Missbrauch in meiner Kindheit und zahllosen Jahren der Demütigung in der Ehe, reichte ich zum Glück die Scheidung ein.

Nun stand ich da, alleine und ohne Hilfe. Jung und unerfahren, naiv noch obendrein. Ein Berg voll Schulden, den ich allein übernommen hatte. Neben meiner Arbeit hatte ich noch vier Putzstellen angenommen, um für meine Kinder sorgen zu können. Vor allem brauchten sie Zuneigung und Zeit und es war nicht immer so einfach, alles unter einen Hut zu bekommen. Doch ich schaffte es und ich kann bis heute Stolz darauf sein. Das Wichtigste, das Kinder brauchen ist Liebe und Geborgenheit, so wie ein Zuhause in dem sie sich entfalten können.

Die Zeit drängte und ich wusste nicht mehr, wie ich alles bezahlen sollte. Es war damals ein kalter Novembertag. Eine innere Stimme sagte mir, ich sollte Lose ziehen in der nahe gelegenen Lottoannahmestelle. Warum auch immer, aber ich folgte meiner Eingebung, auch wenn ich noch oftmals daran zweifelte. Schließlich war es nicht wie ein Frühstück, das man jeden Tag zu sich nahm.

Ich konnte ja mit niemandem darüber reden. Ich ging trotzdem los, draußen wehte ein eiskalter Wind. In diesem Geschäft zog ich drei Lose. Als ich das erste öffnete, freute ich mich riesig über einen kleinen Gewinn.

Als ich das dritte öffnete, traute ich meinen Augen kaum. Ich hatte soeben den Hauptgewinn gezogen. Ich dankte dem Himmel. Es war eine Rettung in letzter Sekunde. Auch wenn nicht sehr viel davon übrig blieb, so konnte ich zumindest all meine Schulden begleichen. Eines Tages fragte mich eine Frau, wie ich das eigentlich machen würde und ich sagte, folge der Stimme deiner Seele. Nun war mir erst bewusst, was ich hier eigentlich sagte, ja, es stimmte, vielmehr brauchte man eigentlich nicht zu tun.

Ich war schon immer ein sehr feinfühliger und sensibler Mensch. Vielleicht passierte es durch die vielen schwierigen Zeiten in meinem Leben, vielleicht aber auch nur weil ich gelernt habe hinzuhören und zu fühlen. Ich verband meinen Körper und Geist. Tief in mir steckten viele Antworten und auch die geistige Welt hielt viel für mich bereit. Mir wurde klar, dass alles was geschieht zu mir gehört. In Zeiten des schlimmsten Tiefs kam auch wieder ein Hoch. Wir sind niemals allein. Zeiten meiner Kindheit habe ich lange nicht verstanden, bis mir in einer Rückführung klar wurde, warum mir dies alles passieren musste.

Mir fiel auf, dass ich bewusst auf meinen Körper hörte, auf das Innere in mir, was in mir passierte, was ich dachte und fühlte. Sicherlich glaubte ich oft, das kann jetzt nicht sein, doch es hat sich immer bestätigt, dass mein erster Gedanke und mein Gefühl stets recht behielten. Egal, was kam, der erste Gedanke stimmte immer. Durch unsere stressige Zeit haben wir oftmals keine Möglichkeit tiefer in uns zu hören. Wir nehmen sogar den ersten Gedanken gar nicht mehr wahr. So vieles schwirrt in uns herum. Oder aber, wir verdrängen ihn bewusst. Man kann ihn jedoch wieder entwickeln, den Weg zum Ursprung.

Eine weitere Begegnung mit dem Tod hatte ich, als meine Großmutter Kathi schwer krank wurde. Diagnose Gehirntumor. Nachdem ich mich damals auch ein wenig fürs Handlesen interessierte, fragte mich meine Großmutter, ob ich ihr nicht aus der Hand lesen würde. Auch wenn sie nie daran glaubte und ich oftmals belächelt wurde, so bestand sie dieses Mal darauf. Sie wollte wissen, wie lange sie noch zu Leben hatte. Solche Aussagen waren für mich stets tabu, deshalb lies ich mir eine Notlüge einfallen. Mit hilflosen Augen sah sie mich an, und mir zerbrach es fast das Herz. Du wirst noch lange Leben, sagte ich, und du wirst einmal sehr ruhig einschlafen. Was ich jedoch wirklich sah, das konnte ich ihr nicht sagen. Zumal ich nicht wusste, ob es wirklich so sein würde. Schließlich hatte ich kein Recht über Leben oder Tod zu entscheiden. Ich fühlte jedoch, dass sie nicht mehr lange zu Leben hatte und meine Gedanken kreisten um zwei Tage.

Mein Gefühl betrog mich auch dieses Mal nicht. Einen Tag später kam ein Anruf, dass Kathi um vier Uhr nachts zusammengebrochen sei und ins Krankenhaus eingeliefert wurde. Sie verlangte nach mir und ich fuhr so schnell ich konnte zu ihr. Als ich das Zimmer betrat, in dem sie lag, hatte sie die Augen auf. Sie hatte wohl auf mich gewartet. Es war ihr sehr wichtig mich noch einmal zu sehen. Sie sagte mir noch ein paar wichtige Worte und wollte noch einiges klären, was mit meiner Kindheit und meinem Elternhaus zu tun hatte. Sie wusste damals schon mehr, hat jedoch nie darüber gesprochen. Wie dem auch sei, unter Tränen war es an der Zeit zu verzeihen. Kathi bekam Hunger und ich war sehr verwundert, denn sie war schon sehr abgemagert und konnte die letzten Wochen fast nichts mehr essen. Die Schwestern brachten ihr etwas Püriertes. Ich fütterte sie und der ganze Teller wurde leer gegessen. Es dauerte nicht lange und sie wurde immer schwächer, ein paar verwirrende Worte konnte ich nicht mehr verstehen. Ihr Blick war gläsern, als schaute sie in eine andere Welt. Ihre Augen wurden immer schwerer und ich lies sie schlafen. Die Stunden vergingen und ich musste wohl schon einige Zeit eingenickt sein, als ich merkte, dass ihr Atem immer schwerer wurde. Ich holte die Ärzte, da ich sie nicht mehr wach bekam. Nach einer kurzen Untersuchung stand fest, dass sie es nicht überleben würde. Es könnte jedoch noch Stunden oder Tage dauern war die Aussage der Ärzte. Sie hatte den langen Kampf gegen den Gehirntumor verloren.

Ich war ziemlich erschöpft und die Ärzte rieten mir nach Hause zu fahren. Dies musste ich auch tun, denn es warteten meine Kinder und mein zweiter Mann auf mich. Ich hatte noch nicht lange geschlafen, da wurde ich plötzlich wach. Irgendetwas zwang mich aufzustehen und ich hörte seltsame Geräusche. Ich stand erst einmal auf dem Flur und konnte gar nicht so recht glauben, was sich in dem Moment abspielte. Kathi hatte einen Hund und diesen sah ich vor meinem geistigen Auge. Es war wie ein Film. Er durchscharrte die Küchentüre von ihr, so arg, dass die Späne heraus-standen. Im gleichen Moment sprach Kathi mit mir. Sie war da und sagte mir, dass sie nun nach Hause gehen würde. Bis auf ein paar weitere Worte sagte sie mir auch noch, dass ich beschützt sei. Und wir werden uns wiedersehen. Ich sah auf meine Armbanduhr, es war zwei Uhr morgens.

Es ging alles sehr schnell und ehe ich eigentlich wahrnehmen konnte, was jetzt vor sich ging, kam auch schon der Anruf, dass sie vor einer halben Stunde verstorben sei. Am nächsten Tag sah ich auch die Küchentüre, die ihr Hund wirklich durchscharrt hatte, zur selben Zeit, als ich diese Vision hatte. Jetzt wusste ich, dass es die Wahrheit war. Es geschahen noch vielerlei solcher übersinnlicher Dinge. Die letzte Geschichte von vielen, die ich Ihnen noch erzählen möchte, ist für mich der Punkt gewesen, dass es nun keinerlei Zweifel mehr für mich gab.

Eines Abends ging ich mit ein paar Bekannten in ein Tanzlokal. Es war der Tag, an dem ich lernte, mir voll und ganz zu vertrauen, ohne Wenn und Aber. Wir saßen gemütlich beieinander und ich trank eine Tasse Kaffee. Nach einer Zeit gingen die anderen auf die Tanzfläche und ich saß alleine da und schaute in die Runde. Mir fiel eine junge Frau auf, die an der Tanzfläche stand. Auf einmal bekam ich eine Vision und bei näherem Betrachten sah

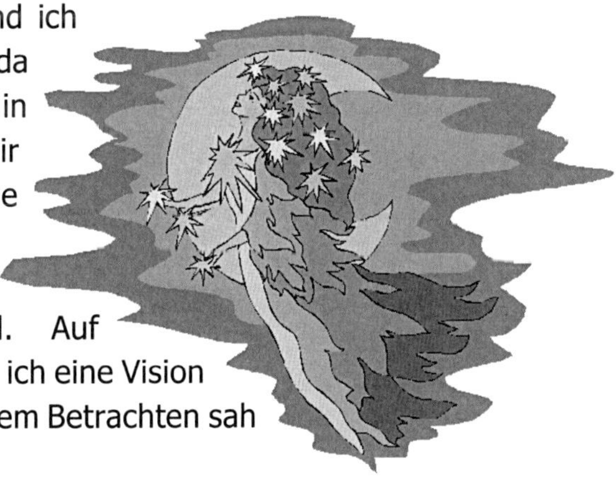

ich, dass sie erschossen werden würde. Völlig aufgelöst erzählte ich es einer Freundin. Am liebsten wäre ich hingegangen und hätte diese junge Frau gewarnt, doch Renate hielt mich davon ab.

Ich haderte sehr mit mir, doch ich wusste, auch wenn ich falsch liegen würde, dass ich in Teufels Küche kommen könnte. Ich war so geschockt und deprimiert, dass ich kurz darauf nach Hause fuhr. Zwei Wochen später wurde es bittere Wahrheit. Ich erfuhr es über meine Bekannte, die dies in der Zeitung las. Oftmals zweifeln wir viel zu sehr an unserem inneren Wissen, den Dingen, die wir innerlich hören oder Ereignisse, die wir kurz vor unserem geistigen Auge sehen.

Ich möchte Ihnen zeigen, dass es möglich ist Ihre verborgenen Talente, die tief in Ihnen schlummern, wieder zu aktivieren. Alles Wissen ist in uns. Damals wusste ich noch nicht, dass ich es selbst in der Hand hatte, hellsichtige Informationen anzunehmen oder nicht. Ich wusste so vieles nicht und dabei gibt es soviel zu entdecken. So begann die eigentliche Reise meiner Spiritualität.

Das höhere Selbst

Es war nun an der Zeit aufzuhören, noch den geringsten Zweifel daran zu haben, dass ich den Zugang in die geistige Welt hatte. Voller Euphorie dachte ich, es jedem in meinem Umfeld mitteilen zu müssen, doch nicht jeder konnte damit wirklich etwas anfangen. Es war für mich eine Art Zwischenprüfung, herauszufinden, wem ich mich öffnen konnte und wem nicht.

Es wäre sehr ratsam sich gegenüber Personen, die diesen Zugang noch nicht haben, erst einmal vorsichtig heran zu tasten. Nicht jeder möchte damit etwas zu tun haben und dies muss man respektieren. Es gab Menschen, die mich als eine übersensible und zu empfindliche Person bezeichneten, die einem nicht geheuer war oder Geschichten auftischte. Doch ich lernte mit der Zeit mich zu schützen und zu erkennen, dass dies der goldene Schlüssel war. Ich hörte auf mich zu rechtfertigen und dachte mir, wie einst George Bernhard Shaw sagte: »Du siehst Dinge, die sind und du fragst warum. Ich sehe Dinge, die nicht sind und ich frage warum nicht.«

So musste ich schließlich alleine meinen Weg gehen, um zu all meinem Wissen zu gelangen und suchen, welche weiteren Möglichkeiten es für den Zugang gab.

So fing ich erst einmal an zu begreifen, was das höhere Selbst bedeutet. Es steht über allen Dingen des alltäglichen menschlichen Lebens. Es ist das Unbewusstsein der Seele. Sie ist nichts anderes als unsere Zentrale. Menschen, die den Zugang zu ihrem höheren Selbst haben, werden sich nicht mehr in belanglosen Einzelheiten verlieren. Es ist eine grenzenlose Liebe die Berge versetzen kann. Man hält sich nicht mehr mit Banalitäten des täglichen Lebens auf.

Ich begann mir Gedanken zu machen, wie ich meine Fähigkeiten am besten abrufen könnte. Es musste doch irgendwie möglich sein, nicht nur spontane Eingebungen zu bekommen. Schließlich gab es Situationen, in denen ich sofort Hilfe brauchte. Durch meine Erfahrungen begann ich zu verstehen und daraus zu lernen. Um Ihnen und vor allem jenen, die Ihre Fähigkeiten schon entdeckt haben, weiterzuhelfen auf Ihrem Weg, möchte ich Ihnen eine Stütze sein, damit Sie nicht solange – wie ich, auf Irrwegen umhertanzen.

Das Universum verlieh mir einen Schub nach dem anderen, um zu meiner geistigen Reife zu gelangen. Es sorgte schon dafür, mich auf den richtigen Weg zu führen. Somit begann ich nicht nur für Bekannte Vorhersagen zu treffen, sondern auch für Jedermann. Ich machte meine Berufung zum Beruf.

Es sprach sich sehr schnell herum und viele Vorhersagen trafen im Laufe der Zeit immer genauer ein. Schließlich wurden sogar Menschen aus dem Ausland auf mich aufmerksam. Manche scheuten keine Mühe, einen weiten Weg in Kauf zu nehmen, um eine Sitzung bei mir zu bekommen. Es freute mich sehr und ich war stolz darauf den Menschen zu helfen, ohne sie zu manipulieren oder deren Verantwortung zu übernehmen. Doch es dauerte Jahre, um dorthin zu kommen, wo ich heute bin.

Viele konnten den Weg zu sich selbst wieder finden. Es ist wichtig wieder zu seinem inneren Selbst zu finden. Eine Zukunftsprognose kann ein wertvoller Wegweiser sein, den man auch verändern kann. Verleugnen ist nur eine Flucht vor sich selbst. Durch meine Arbeit wurde mir auch bewusst, dass es Zeit und Raum im Jenseits nicht gibt. Manche Dinge trafen sehr schnell ein, andere wiederum brauchten Jahre.

Nicht alles muss unweigerlich passieren, denn jeder hat seine freie Entscheidung, sein Leben umzugestalten und den bisherigen Raum zu verlassen. Manche Kunden sagten mir, dass sie Respekt vor Übersinnlichem haben oder auch Angst und deshalb nicht tiefer einsteigen möchten. Dies ist auch in Ordnung. Doch wer sein Innerstes verdrängt, hat Angst vor sich selbst. Unsere Gedanken und unser Unbewusstsein haben mehr Kräfte in sich, als mancher glaubt. Durch unseren Gedanken projizieren wir Dinge herauf, in denen so mancher denkt, sie seien aus der geistigen Welt oder hätten etwas damit zu tun. Der Mensch ist das Produkt seiner Gedanken und viele verwechseln dies. Man muss hier genau unterscheiden.

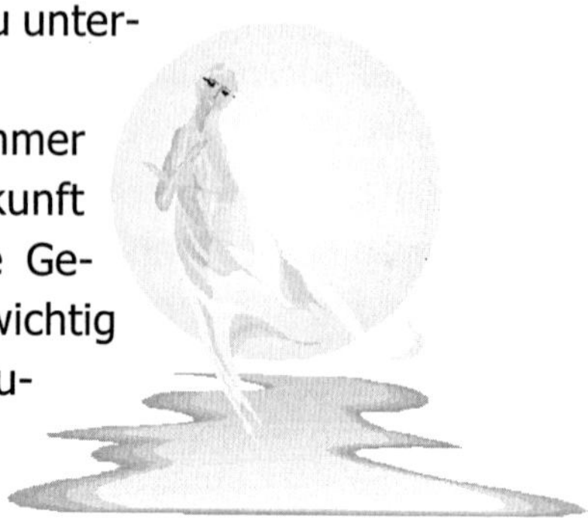

Es ist auch nicht immer wichtig zu viel von der Zukunft zu erfahren, da man die Gegenwart verpasst. Es ist wichtig heute zu leben und den Augenblick zu genießen. Weder gestern noch morgen sondern heute. Jeder Tag ist ein neuer Anfang, an dem man vieles bewirken kann. Nur den ersten Schritt zu wagen, bedeutet Arbeit und das Alte zu beenden. Auch vor einer Veränderung haben viele Angst und leben somit ihren alten Trott weiter. Der Weg und das Ziel sind, dass jeder seinen Lebensweg geht und seiner Freiheit ein Stück näher kommt. Dabei hilft uns die Medialität und Sensibilität, die viele leider verloren oder verdrängt haben. Es ist etwas Wunderbares, wenn man sie entwickeln und einsetzen kann. Und dabei noch sehr einfach.

Es gibt Unterschiede zwischen Bewusstem, Unterbewusstem oder Unbewusstem. In uns befindet sich das Zentrum, das unserem höchsten Selbst entspricht. Jeder Mensch hat intuitive Gefühle, nur vertraut nicht jeder darauf. Der erste Gedanke, der oftmals spontan in unserem Gedächtnis erscheint, wird als Spinnerei abgetan. Doch weit gefehlt, genau der ist entscheidend. Dieser erste Gedanke stimmt immer. Diese Eingaben laufen jedoch so unbewusst ab, dass man ihm keine Beachtung mehr schenkt und sofort vergisst. Beginnen Sie damit jeden Tag oder in bestimmten Situationen, darauf zu achten, was Ihr erster Gedanke war. Schreiben Sie ihn auf und verfolgen Sie dies über einen längeren Zeitraum.

Ein Diktiergerät kann oftmals Wunder bewirken. Sei es bei einer Begegnung mit einem Menschen, Situationen oder alltäglichen Entscheidungen. Indem Sie anfangen es zu notieren, wird Ihnen bewusst, wie viel Wahrheit dem Ganzen bemessen werden kann. Glauben Sie an sich und vertrauen Sie Ihrem Gefühl. Durch diese Methode lernen Sie, Zweifel aus dem Weg zu räumen. Der nächste wichtige Schritt ist Stress und aufgestaute Energien bewusst zu kontrollieren. Durch Atemtherapien kann man entgegenwirken. Auch ich war nicht immer die Ruhe in Person, doch ich lernte immer mehr, wie gut mir die Ruhe tat.

Nur in der Ruhe liegt die Kraft. Unser Körper zeigt uns, wenn es uns zu viel wird und man sollte ihm unbedingt Beachtung schenken. Jede körperliche Beschwerde ist ein Hilfeschrei der Seele. Lernen Sie Grenzen zu setzen und sich etwas Gutes zu tun. Bevor Sie beginnen über andere Menschen eine Eingebung zu bekommen, sollten Sie erst einmal Ihrer eigenen Wahrnehmung Beachtung schenken. Diese kommende Übung sollten Sie auf ein Diktiergerät oder Tonbandgerät sprechen, um es in Ruhe abzuhören. Nur so sind Sie wirklich entspannt. Versuchen Sie nun mit sich selbst in Kontakt zu kommen. Sorgen Sie für völlige Ruhe. Sie können dies im Sitzen, Liegen oder Stehen tun.

Übung

- ❖ Schließen Sie die Augen und atmen Sie durch die Nase ein und den Mund aus.
- ❖ Machen Sie dies drei bis viermal oder auch öfter, um zu einer vollkommenen Entspannung zu gelangen.
- ❖ Atmen Sie Ihre Energie ein und atmen Sie alles was Sie belastet aus.
- ❖ Alles was nicht zu Ihnen gehört, kann nun losgelassen werden.
- ❖ Atmen Sie nun tief ein und stellen Sie sich die Frage, wie Ihr morgiger Tag werden wird.
- ❖ Atmen Sie aus und reagieren Sie nun auf Ihren ersten Gedanken.
- ❖ Lassen Sie sich Zeit und setzen Sie sich nicht unter Druck.
- ❖ Was kam Ihnen als erstes in den Sinn?
- ❖ Diese Übung können Sie nun weiter ausdehnen, für jegliche Frage.
- ❖ Lassen Sie dies für einige Zeit zu einem täglichen Ritual werden.
- ❖ Trainieren Sie Ihre Intuition.

Sicherlich ist es nicht immer möglich Stress und Schwierigkeiten aus dem Weg zu gehen, doch sollten Sie lernen es anzunehmen und zu hinterfragen. Welchen Anteil hat es in mir, was gerade an Problemen ansteht? Was ist wichtig, was mache ich mir eher zu einem eigenen Problem? Schenken Sie bewusst Ihren eigenen Gedanken Beachtung und Sie werden sehen wie viele Antworten Sie bekommen. Unser Wissen ist in unserem Inneren. Wenn auch manches nicht gelingen mag, wie wir uns das vorstellen, so ist daran zu denken, dass es nicht in das kosmische Gesetz für den Einzelnen gehörte. Es ist somit unser Ego, das nicht akzeptieren will, dass nicht alles für uns bestimmt ist. Im Nachhinein stellt sich oftmals heraus, dass es doch so wie es ist, gut war. Aus welchen Gründen auch immer. Statt nach Dingen zu streben, die unserem Naturell wiederstreben, sollten Sie in sich hineinhören, wo Ihre Stärken liegen. Glauben Sie an sich selbst und lassen Sie sich von niemanden beirren. Nur Sie selbst haben die Stärke es so weit zu bringen, wie Sie selbst es wollen. Lernen Sie Ihre Stärken kennen, Ihre Weisheit und Ihren Geist. Es warten oftmals viele große Dinge auf uns, die nur in Angriff genommen werden möchten. Jede Seele gehört einer Gruppe an. Verschmelzen Sie Ihre Visionen und stärken Sie Ihren Geist so, dass alle Zellen Ihres Körpers optimal funktionieren. Emotionale Blockaden hindern, man nimmt sich für soviel Unwichtiges Zeit.

Warum nicht einmal mit sich selbst beginnen und jeden Tag in sich hineinspüren. Diese Zeit ist sinnvoll angebracht. Lernen Sie Ihren Ort der Seele näher kennen. Begegnen Sie auch Ihren Schattenseiten. Es gibt keine Dunkelheit, in der nicht auch die Sonne wieder strahlt. Treffen Sie Ihre Entscheidungen nicht in der Außenwelt, sondern tief in Ihnen. Um Ihre Intuition weiter auszubilden, müssen Sie Ihr Innerstes erst einmal genau untersuchen. Begegnen Sie Ihrer Freude, Wut, Trauer und Ihrem Kanal nach oben. Sich öffnen braucht sehr viel Zeit und ich war es mir wert. Alles besteht aus Energie und schwingt. In uns selbst ist der Kern. Die Energie und das Potenzial für jede Transformation. Dieser Kern verbindet uns mit dem Universum. Diese Schwingungen werden wir nun einmal genauer betrachten.

Übung

Eine weitere Übung ist nun eine Reise in Ihr Innerstes:

- ❖ Schließen Sie die Augen und atmen Sie ruhig ein und aus.
- ❖ Sorgen Sie für einen völligen Ruhezustand.
- ❖ Sie können auch eine leise Meditationsmusik im Hintergrund laufen lassen.
- ❖ Leeren Sie jegliche Erwartungshaltung an sich aus.
- ❖ Atmen Sie nun neue Energie ein und atmen nun an Ihrer Wirbelsäule langsam von oben nach unten entlang aus.
- ❖ Atmen Sie nun ruhig weiter und verweilen Sie eine Zeit am Ende der Wirbelsäule.
- ❖ Dieser Bereich ist der innere Kanal für das Einströmen universeller Lebensenergie.
- ❖ Gehen Sie nun langsam jeden Wirbel entlang hinauf und spüren Sie, wie die Energie fühlbar wird.
- ❖ Was können Sie spüren?
- ❖ Nehmen Sie ein Kribbeln war?
- ❖ Können Sie fließend Ihre Energien wandern lassen oder haben Sie das Gefühl an einem Wirbel festzuhängen?

Untersuchen Sie die Stelle, in der Blockaden auftauchen. Stellen Sie sich die Frage, was blockiert in mir?

Sollte es auch nicht sofort funktionieren, so lassen Sie sich Zeit, denn Rom ist auch nicht an einem Tag erbaut worden. Und schließlich müssen Sie niemanden etwas beweisen.

Atmen Sie im Falle eines blockierten Wirbels genau in diese Stelle hinein.

Fangen Sie an Bilder zu visualisieren. Was sehen Sie? Auch ein Strich vor Ihrem geistigen Auge hat eine Bedeutung.

Schreiben Sie Ihre Bilder oder Gedanken auf, die Sie sehen und machen Sie diese Übung wenn Sie wieder einmal glauben nicht zu wissen, was Sie wollen oder tun sollen.

Mit der Zeit werden Sie sich selbst erkennen. Es wird Ihnen immer leichter fallen, Sie selbst zu sein.

Die geistige Welt sagte einmal zu mir:

Leb dein Leben, leb es heut.
Leb dein Leben, denk einmal nur an dich.
Leb, vergeude keine Zeit.
Leb dein Leben, es ist an der Zeit.

Aus diesen ganzen Eingaben entstanden mittlerweile sogar viele Texte, die ich für mich zu Liedern machte. Es ist wichtig das Leben zu leben, es ist wichtig sich selbst zu leben und zu lieben.

Sie werden feststellen, dass Sie nicht das sind, was

an materiellen Dingen um Sie herum zu sehen ist. Sie bestehen nicht nur aus Ihrem Körper, sondern besitzen auch eine Seele. Ein göttliches Energiewesen, eine Gesamtheit, der allumfassende Geist im ganzen Universum. Weder Anfang noch Ende. Erfüllen Sie Ihre eigene Persönlichkeit mit dem Wissen um die Ganzheit allen Seins. Fühlen Sie sich mit ihr unmittelbar in der Lage, Eins zu sein. Wer dies erkennt, findet zu seinem Selbst in der Erfüllung seiner Bestimmung, welche es ist, das Ganze in einem, nämlich in sich selbst, zu begreifen. Sie sind das Geschehen Ihrer Selbst. In Ihnen ruhen alle Wahrnehmungen.

Spüren der Fremdenergie

Mit der Zeit erkannte ich auch, wie ich meine eigene Wahrnehmung, die für mich bestimmt ist, von anderen Personen unterscheiden konnte. Ich entwickelte meine Fähigkeiten immer mehr und holte soviel es ging aus mir heraus. Für mich stand fest, dass ich die Welt nicht verändern konnte, doch als gütige Seele konnte ich Impulse senden und wahrnehmen. Mir wurde klar, dass ich durch das Ausstrahlen positiver Gedanken so wie durch meine Hellsichtigkeit einen Teil dazu beitragen konnte, den Menschen ein Stück Fürsorge entgegenzubringen. Für mich wurde jeder Tag zur Reise meiner medialen Grenzenlosigkeit.

Diese Schritte waren für mich sehr wichtig, denn was ich zu dieser Zeit noch nicht erahnen konnte, waren die Vorbereitungen der Jenseitigen Welt. Es war erst der Anfang von dem, was es noch alles zu entdecken gab. Oft glaubte ich schon am Ziel zu sein, von all dem, was ich schon wusste, dabei war es nur ein Tropfen auf dem heißen Stein. Meine Seele war nicht nur Empfänger sondern auch Sender. An einem Sonntag war der Besuch einer Freundin von mir geplant. Wir hatten schon Wochen zuvor ausgemacht, dass ich sie am Bahnhof abholen würde.

Wir hatten dies schon öfter gemacht und immer war es dieselbe Stelle, an der wir uns trafen.

Dieses Mal war alles anders. Es war sehr viel Verkehr und ich musste oft um den Kreis fahren, bis ich einen Parkplatz bekam. Die Zeit war schon sehr knapp und als ich an die gewohnte Stelle ging, um Michaela abzuholen, konnte ich sie nicht vorfinden. Ich wartete und suchte, aber ich konnte sie nicht sehen. Sie selbst besaß kein Handy und somit konnte ich ihr auch keine Nachricht zukommen lassen. Ich ging zum Auto und auch dort war niemand.

Ich stieg ein und ging in mich. Ich begann ganz fest an sie zu denken und fragte sie in Gedanken, wo sie sei. Zur selben Zeit sendete auch sie mir unbewusst die Antwort, die ich sofort aufnahm. Meine erste Eingebung war, dass ich Michaela am obersten Bereich des Bahnhofes finden würde, in der versteckten Bucht. Ich ging dort hin und schon winkte sie mir zu. Wir mussten beide schmunzeln, denn sowohl das Senden als auch das Empfangen hatte wunderbar funktioniert. Ihr Zug hatte Verspätung und deshalb war sie auch zu dieser Zeit nicht am gewohnten Ort.

In meinen jeweiligen Sitzungen fing ich an, die Person, die mir gegenüber saß, intensiver in meine Energie hineinzunehmen, ohne deren anzunehmen. Vor meinem geistigen Auge stülpte ich eine Art Vorhang um meine mir gegenübersitzende Person. Ich lies es einfach geschehen, was ich spürte oder an inneren Bildern wahrnehmen konnte. Ich achtete genau darauf, was ich an meinem Körper spürte. All das, was ich nun wahrnehmen konnte, betraf die andere Person und nicht mich. Sobald ich alles empfangen hatte, löste ich den Vorhang wieder auf. Dies ist wichtig, um nicht mit dem anderen verbunden zu bleiben.

Ich konnte meinen Kunden sagen, auf welche gesundheitliche Probleme sie achten müssten. Hatte ich das Gefühl es bahnt sich etwas Ernstes an, riet ich sofort, einen Arzt aufzusuchen. Ich konnte auch Ereignisse aus der Vergangenheit sehen, die für den Betreffenden von Wichtigkeit waren.

Es war für mich eine ganz neue Art und somit konnte ich die Menschen mit anderen Augen sehen. Viele, die nach außen hin hart und selbstbewusst wirkten, hatten innerlich einen sehr weichen Kern und waren einsam. Bei einer Frau tauchte ich tiefer hinein und schloss meine Augen. Bilder tauchten auf, die mir einen Teil der Zukunft zeigten. Ich sah ein Haus, es war ein Neubau. Eine Treppe, die hinauf führte. Somit war mir klar, es handelt sich um ein Haus mit einer weiteren Etage. Unten konnte ich Teppiche und Gegenstände wahrnehmen, die am Eingang zu sehen waren. Ein Bach außerhalb des Grundstückes.

Meine Kundin konnte damit nichts anfangen und ich sagte ihr, sie werde umziehen und dieses Haus finden. Zu diesem Zeitpunkt hatte sie eine häusliche Veränderung noch nicht einmal geplant und ein Jahr später war es dann soweit.

Diese Informationen und viele weitere konnte ich aus der Aura der Person erkennen. Entweder konnte ich sie sehen oder fühlen. Die Aura ist der feinstoffliche Energiekörper, der den physischen Körper umgibt.

Ich lies mich bei meinen Eingebungen nicht mehr beirren und vertraute mir voll und ganz. Es gibt eben Dinge, die sich erst viel später ereignen und vieles kann man sich gar nicht vorstellen. Viele Zukunftsvorhersagen waren ein hilfreiches Mittel, um Wege zu beschreiten. Doch auf Fragen, was manche tun sollen, bekamen sie stets die Antwort, ihre eigene Entscheidung zu treffen.

Wir können und dürfen niemanden die Verantwortung für sich selbst abnehmen. Obwohl dies manche erwarten. Ich gab das preis, was ich für notwendig hielt. Es gibt keinen Zufall und die Menschen, die zu mir kamen, waren für mich bestimmt und ich für sie. Bestimmte Informationen waren zu dieser Zeit wichtig. Diejenigen die genau zuhörten und nicht nur das annahmen was sie hören wollten, konnten unangenehme Situationen mildern. Ich fand es wirklich bemerkenswert, wie unterschiedlich sich die Energien anfühlten. Für Menschen, die ihre Intuition nicht empfangen konnten, war ich ein Überbringer, dessen, was tief in Ihnen selbst abgespeichert war.

Für mich wurde es ein Erfolg meine Botschaften wahrzunehmen, entweder für mich oder aber, um meine Mitmenschen zu beobachten. Eigentlich besitzen wir sogar ein sehr günstiges Sprachrohr. So wie die Geschichte mit meiner Freundin. Hatten Sie schon einmal den spontanen Gedanken an eine Bekannte und kurz darauf rief sie an? Oder wussten Sie intuitiv, dass ihr Telefon gleich läuten würde? Fühlten Sie schon einmal, was in einer fremden Person vorging oder das, was diese Person dachte? Fangen Sie an, bewusst jeden Gedanken, den Sie über jemand anderen empfangen, wahrzunehmen. Zweifeln Sie nicht, denn es gibt nichts, was nicht sein könnte.

Eines Tages kam eine Kundin zu mir im Alter von siebzig Jahren. Ich sagte ihr voraus, dass sie einen Liebhaber kennen lernen würde der erst vierunddreißig Jahre sein wird. Sie würde die schönsten Stunden in ihrem Leben, mit diesem Mann erleben ohne finanzielle Hintergründe. Die erste Reaktion dieser Kundin war, was ich hier für einen Unfug erzähle. Wir mussten beide darauf hin lachen. Doch ein Jahr später stand sie erneut vor meiner Tür und ihr Verhältnis war da. Hätte ich mir nicht vertraut, wäre es nie über meine Lippen gekommen.

Übung

Ich möchte mit Ihnen nun eine weitere Übung durchführen, damit auch Sie eine Fremdenergie spüren können:

- Suchen Sie sich eine Person aus, die sich Ihnen gegenübersetzt oder aber stellen Sie sich eine Person vor, die Sie vor Ihrem geistigen Auge wahrnehmen.
- Schließen Sie die Augen und atmen Sie ruhig.
- Spannen Sie nun einen Art geistigen Umhang über diese Person, mit der Sie nun verbunden sind.
- Lassen Sie sich Zeit und beginnen Sie nun damit Ihren eigenen Körper wahrzunehmen. Jede Zelle Ihres Körpers.
- An welcher Stelle spüren Sie Beschwerden oder einen Druck?
- Alles was Sie nun wahrnehmen, entspricht nun der anderen Person.
- Sprechen Sie es aus, was Sie fühlen.
- Gehen Sie nun weiter und versuchen Sie Bilder zu empfangen.
- Schreiben Sie sich im Anschluss alles auf, was Sie gesehen, gedacht oder empfunden haben. Somit können Sie prüfen, was Vergangenheit sein könnte und noch eintreffen wird.

Sie können sicher sein, dass Sie eine positive Rückmeldung erhalten werden.

Alles was Sie sehen, hat eine Bedeutung. Ein Reh kann die Bedeutung haben, dass diese Person scheu ist. Sie werden es immer mehr herausfinden und damit Ihre Hellsichtigkeit trainieren.

Diese Methode wird Ihnen helfen Selbstzweifel zu überwinden. Und wer möchte nicht mal gerne wissen, wie es sich in Nachbars Innerem anfühlt. Somit lernen wir auch zu verstehen, ohne zu bewerten.

Anmerkung

Eine weitere Möglichkeit um die Hellsichtigkeit zu schulen, ist sich eine Kristallkugel zu besorgen. Hier können erst mal Wolken und Wege so wie Bilder trainiert werden.

Um diese Bereiche zu vertiefen, können Sie selbstverständlich auch eines meiner Seminare besuchen.

Jenseitskontakte

Durch meine Hellsichtigkeit konnte ich auch die geistige Welt sehen. Was vereinzelnden Menschen Angst machte, war für mich wie heimkommen. Schließlich hatte ich als Kind meine ersten Begegnungen und war vorbereitet. Schon damals war ein unbehagliches Gefühl bald vorüber. Doch nun wurde es zur täglichen Begebenheit das Jenseits zu sehen und mit ihnen zu kommunizieren. Ich bekam den Eintritt, wenn ich ihn brauchte. Von dort sind wir gekommen und dorthin werden wir auch wieder gehen. Unser Planet ist ein Lernplanet, welchen wir benötigen, um geistig aufzusteigen.

In vielen Erfahrungen mit dem Tod sah ich Verstorbene die auf mich zukamen und ich hatte nie das Gefühl, wie manche sagten, man muss sich davor in Acht nehmen. Sie kamen, um Botschaften zu überbringen und gingen wieder. Ich brauchte sie nicht ins Licht zu führen, denn sie kamen ohnehin von dort oder waren auf dem Weg dorthin.

Auch hier ist jeder Seele überlassen wann, warum und ob sie gerne kommen möchte. Wir selbst möchten ja auch nicht manipuliert werden und unserem freien Willen nachgehen. Ich selbst spürte viel Liebe und starke Energie, wenn sie sich in meiner Nähe befanden. Auch die geistige Welt wollten die Menschen aus Liebe und nicht aus Furcht besuchen. Höhere Lichtwesen waren eine besondere Bereicherung für mich und brachten mir weitere Erkenntnisse.

Das, was man in sich trägt, wird man wohl projizieren. Dies habe ich irgendwann begriffen. Mein Umgang mit der geistigen Welt erforderte sehr viel Offenheit und Sensibilität. Es wurde mir klar, dass nicht das Begreifen wichtig war, sondern das Ergreifen. Es anzunehmen, wie es war. Je intensiver meine Verbindung wurde, desto magischer war das Licht, so wie die Wahrnehmung der allumfassenden Macht, die alles miteinander verbindet. Man könnte es als himmlisches Schwingen und Strömen bezeichnen. Doch, wie aber nichts auf Erden vollkommen ist und das Licht den Schatten wirft, so musste ich das göttliche Licht und meine menschliche Vernunft im Gleichgewicht halten.

Ich kann hier nur von meinen persönlichen Erfahrungen erzählen, doch gibt es sicherlich auch andere, die diese Meinung nicht teilen können. Nach dem Tod meiner Großmutter wurde es damals zeitweise schon intensiver und ich sprach mit ihnen bald wie mit guten alten Bekannten. Es war normal und auch meine Kinder gingen sehr offen damit um. Wir freuten uns stets, wenn sie uns besuchten. Die erste Begegnung mit meinem Schutzengel war allerdings etwas heftig.

Diese Energie war so stark, dass ich vor lauter Glück weinen musste. Ich kann heute behaupten, es ist die schönste Begegnung, die man je haben kann. Es ist bedingungslose Liebe pur. Michael, mein Schutzengel war mein stetiger Begleiter und schon oft habe ich seine Hilfe gespürt. Es gibt verschiedene Methoden, die sie nutzten, um auf sich aufmerksam zu machen. Einmal konnte ich sie sehen, ein andermal fühlen, spüren oder hören. Eines Abends, nachdem ich mit einer Sitzung fertig war, ging ich ins Wohnzimmer, um mich auszuruhen. Ich hatte den ganzen Abend ein ungutes Gefühl in mir, doch durch meine Erschöpfung drang dieses Mal meine Intuition nicht ganz zu mir durch. Mein Mann arbeitete noch im Arbeitszimmer und die Kinder waren im Bett. Alles war still und draußen schien der Mond. Um mich zu entspannen, legte ich mir meine Malsachen zurecht, um ein Aquarell zu beginnen.

Als ich gerade Wasser in meinen Malbecher schenken wollte, klopfte es an meiner Fensterscheibe. Ich sah nach, konnte jedoch nichts erkennen. Ich setzte mich wieder hin und spürte auf einmal eine starke Kraft, die mich an meinen Schultern packte und mich zwang aufzustehen. Auch wenn ich hätte sitzen bleiben wollen, wäre es nicht gegangen. Ich ging vom Wohnzimmer hinaus und den Flur entlang Richtung Kinderzimmer. Ich sah einen hellen Lichtstrahl und wurde regelrecht geführt. Als ich das Zimmer betrat, in dem mein drittes Kind lag, das ich mit meinem zweiten Mann noch gemeinsam bekommen hatte, sah ich die Gestalt meines leiblichen Vaters, der kurz zuvor an einem Motorradunfall gestorben war.

Er saß auf dem Bett meiner Kleinen, stand auf, sah mich an und zeigte zu meinem Kind. Dieses Mal sah ich jedoch das erste Mal eine graue Gestalt – doch hatte ich keine Angst. Es waren Bruchteile von Sekunden und mir blieb fast der Atem stehen, als ich meine Kleine gesehen hatte. Sie lag auf dem Rücken und wäre beinahe an ihrem Erbrochenen erstickt. Viel Zeit hätte ich nicht mehr verlieren dürfen. Ich weiß, dass mir Michael und auch die geistige Welt geholfen haben, dass mein Kind noch am Leben ist. Später erfuhr ich dann auch, dass mein Vater noch etwas gut zu machen hatte. Mein Mann, der sehr realitätsbezogen ist, glaubte mir lange nicht, bis auch er erkennen musste, dass Aussagen über ihn, die ich nicht wissen konnte, stimmten. Auch verstorbene Verwandte von ihm überbrachten Botschaften, die er nicht leugnen konnte.

So gab es noch viele weitere Situationen, in meinem Leben, wo man mich oder meine Kinder beschützte. Wenn der göttliche Plan jedoch etwas anderes vorsieht, wäre eine Warnung unmöglich gewesen. Viele Menschen, die mir begegneten und einen lieben Menschen verloren hatten, war es ein großer Trost, dass sie ihre lieben Heimgegangenen stets unsichtbar um sich hatten. Eine Frau kam zu mir und es war nicht geplant, Kontakt mit ihrem verunglückten Kind aufzunehmen. Sie buchte zu dieser Zeit einen Termin zum Kartenlegen, da diese Art und Weise noch nicht stimmig für sie war. Auch ich hielt diese Entscheidung für richtig.

Mitten unter der Sitzung musste ich allerdings unterbrechen, da ihr Sohn eine Botschaft überbringen wollte. Ich sah ihn genau hinter ihr stehen und ich wusste nicht, was ich tun sollte. Es war meines Erachtens zu früh und ich glaubte sie hätte noch nicht die Kraft dies anzunehmen. Doch, wann es soweit ist, bestimme nicht ich. Ich streichelte ihren Arm und versuchte ihr so sanft wie möglich diese Situation nahe zu bringen. Ihr Sohn begann immer mehr Botschaften mitzuteilen.

Mama, sagte er, es ist ein Vogelnest in der Garage. Ich sagte ihr dies und sie verneinte es, das kann nicht sein. Ich schilderte weiter und er erzählte von ihrem Haus. Er beschrieb, wie es aussah und dass eine Treppe hinaufführte, an der eine Pflanze stand. Dies bejahte sie. Sie bräuchte Wasser und hat Durst. Sie nickte und hatte ein schlechtes Gewissen, denn die Pflanze wurde wirklich vernachlässigt. Mama, sagte er: Du hast eine Rose für mich – immer frisch an meinem Bild stehen. Unter Tränen sagte sie: oh ja. Ihre Zweifel, dass dies nun Humbug sei, wurden immer geringer.

Weiter erzählte er, dass einen Tag vor seinem Unfall ein neuer Kindersitz für ihn gekauft wurde und auch sein Vater ein neues Auto gekauft habe. Sie blickte mich an und wusste gar nicht mehr, was sie sagen sollte. Ja, es stimmt, das können Sie nicht wissen, antwortete sie mir. Sie wurde immer gefasster und nahm mich, als sie ging, in den Arm. Sie war unendlich dankbar und wusste nun, dass er weiterlebt. Am nächsten Tag kam nochmals ein Anruf von ihr. Das Vogelnest befand sich wirklich in der Garage, es war da.

Wie damals als ich die Geschichte mit der jungen Frau im Lokal sah, die erschossen wurde, ereignete sich drei Jahre danach etwas, was mir zeigte, dass es keinen Zufall gab. Durch eine Frau bekam meine mittlere Tochter eine Adresse, wo sie Reitunterricht nehmen konnte. Schon lange bat sie mich darum und ich fuhr mit ihr zum Reitstall. Es dauerte nicht lange und meine Tätigkeit als Medium war dort bekannt. An einem Montag fuhren wir wieder zum Reiten und ich schaute meiner Tochter zu. Eine Frau kam zu mir und bat mich um ein Gespräch. Sie sagte mir, dass ihre Nichte erschossen wurde und ob ich eine Botschaft überbringen könnte.

Ich weiß gar nicht mehr ob ich Farbe im Gesicht verloren hatte und es dauerte, bis ich antworten konnte. Die verstorbene junge Frau hatte diesen Weg also genau von oben eingefädelt. Ich musste noch meine jüngste Tochter ins Ballett bringen und sagte dieser Frau, ich werde sehen, was ich tun kann. Es ging schneller als ich dachte. Als ich von der Ballettstunde auf dem Weg zurück in den Reitstall war, saß der Geist dieser jungen Frau neben mir. Sie sagte mir drei Dinge, die ich ihrer Tante ausrichten sollte. Nachdem ich bereits mit dem Jenseits umgehen konnte, war es kein Schock. Ansonsten hätte mich der Schlag getroffen. Dies war allerdings das erste Mal für mich, dass ich Botschaften unter dem Autofahren bekam. Am Reitstall angekommen warteten bereits ihre Tante und ihr Onkel auf mich. Ich erzählte Ihnen von drei bestimmten wichtigen Ereignissen, die ihrer Nichte zu Lebzeiten wichtig waren. Jede davon stimmte. Für diese Menschen war es eine Bereicherung.

Es gibt verschiedene Möglichkeiten mit der geistigen Welt in Kontakt zu treten. Diese brauchen allerdings sehr viel Zeit, um sie aufzubauen. Die Seelen kommen, wann sie wollen und ich brauchte sie nicht zu rufen. Für mich ist es keine Unterrichtsebene des Glaubens, sondern der unmittelbaren Erfahrung. Der erste spontane Gedanke war eine göttliche Eingebung durch mich hindurch. Trotz dieser, blieb ich auf dem Boden der Tatsachen und meine Eingaben unterlagen einer logischen Prüfung.

Eine Möglichkeit zu einer Kontaktaufnahme ist eine Übung, die ich nun mit Ihnen gleich durchführen möchte. Am Anfang sollten Sie die Augen schließen, erst später ist es möglich sie auch mit offenen Augen zu sehen, wenn Sie sich für Ihre Medialität öffnen. Je nachdem wie viel Sie investieren. Vermeiden Sie jedoch eine krampfhafte herbeigeführte Aufnahme. Die geistige Welt spürt sehr wohl, wie ernst es uns ist. Die Kraft der Liebe ist dort beheimatet. Ich selbst bin ein Mittler zwischen unserer Welt und der für uns unsichtbaren geistigen Welt. Es schafft für mich eine Brücke, ist eine spirituelle Telefonzentrale zwischen Verstorbenen und Hinterbliebenen. Sie müssen sich bewusst werden, dass man keinen Einfluss auf die Aussagen vom Jenseits hat. Ebenso können wir nicht bestimmen, wer sich meldet.

Bleiben Sie offen für jegliche Kontakte. Ich bereitete meine Sitzungen stets mit viel Licht und Liebe vor. Auch Aussagen, die Ihnen im Moment vielleicht nicht viel sagen, können später an Bedeutung gewinnen und Ihnen bewusst werden. Erwarten Sie niemals Zeitangaben, da es Zeit und Raum in der geistigen Welt nicht gibt. Alle Fragen können nicht beantwortet werden, da auch das Jenseits nicht alles preisgeben darf. Sie werden niemals versuchen uns zu manipulieren. Die Kontaktaufnahme ins Jenseits erfordert sehr viel Energie und sollte durch Fragen, die sich jeder selbst beantworten kann, nicht benutzt werden, um die geistige Welt zu prüfen. Denn sie werden sich nicht prüfen lassen. Sie sind nicht von uns gegangen, nur voraus denn der Tod ist die Brücke zur Ewigkeit. Egal, für welche Methode Sie sich entscheiden, es ist für Sie von Vorteil eigene Erfahrungen zu machen. Somit können Sie sich auch vor Scharlatanen und falschen Geschäftemachern schützen.

Übung

- Schließen Sie nun die Augen und atmen Sie tief ein und aus.
- Machen Sie diese Atemübungen, bis Sie einen völligen Ruhezustand erreicht haben.
- Atmen Sie nun neue Energie durch die Nase ein und aus.
- Atmen Sie in ihr drittes Auge, dieser Bereich liegt genau zwischen Ihren Augen, aus. Sie können auch vorher eine Meditationsübung machen.
- Öffnen Sie nun ihr Stirn Chakra und stellen Sie sich einen Kanal ins Universum vor.
- Schlagen Sie eine Art Brücke nach oben in die geistige Welt.
- Schicken Sie Herzen hinaus und bitten Sie einen lieben Verstorbenen um eine Botschaft.
- Haben Sie Geduld auch wenn es nicht auf Anhieb funktioniert. Sie befinden sich hier auf einer Ebene, die sehr viel Aufmerksamkeit braucht. Stress und Unruhe hatten sie auf Erden genug.
- Visualisieren Sie nun ein Gesicht oder Bilder vor Ihrem geistigen Auge.
- Was können Sie wahrnehmen? Ist es ein Gesicht, das Sie sehen?

Machen Sie diese Übung so oft es Ihnen möglich ist und schreiben Sie Ihre Botschaften auf. Mit der Zeit werden Sie Gesichter erkennen, die Ihnen bekannt vorkommen oder die Sie beschreiben werden.

Legen Sie sich ein Buch zu in dem Sie all Ihre Wahrnehmungen niederlegen können. Prüfen Sie nach einiger Zeit was eingetroffen ist.

Manches jedoch kann Jahre dauern. Weitere Möglichkeiten sind auch ein Tonbandgerät.

Verzichten Sie bitte auf jegliche Übung, wenn Sie krank, erschöpft oder innerlich aufgewirbelt sind. Hier benötigen Sie nämlich selbst eine Zeit der Ruhe und Entspannung. Sie könnten hier ohnehin nichts forcieren.

Nicht nur Englisch auch Französisch

Eines Tages kam meine Tochter zu mir und fragte mich spaßeshalber, ob ich meine Fähigkeiten nicht einmal wirklich nützlich für sie einsetzen könnte. Es ging damals um eine Englischprüfung, die ihr schon tagelang im Kopf rumspukte. Ich lächelte und sagte ihr, dass ich meine Freunde im Jenseits danach fragen werde. Ich konnte mir nicht vorstellen, dass ich darauf wirklich eine Antwort erhalten würde. Schließlich wäre es mir nie in den Sinn gekommen, solche Fragen zu stellen.

Ich wusste zur damaligen Zeit nicht einmal, ob sie Englisch konnten. Noch am selben Abend setzte ich mich hin und tatsächlich bekam ich gewisse Informationen, die sich in dieser Prüfung stellten. Nach der Reihe kamen Durchsagen dieser Prüfungsfragen. Mit einigen Dingen konnte ich gar nichts anfangen, da ich selbst von Englisch nicht viel verstand. Nach der Sitzung ging ich, ohne mir etwas zu denken, ins Kinderzimmer und überbrachte meiner Tochter die Aussagen. Sie bedankte sich und konnte mit den Satzstellungen umgehen. Am nächsten Tag, ich hatte schon gar nicht mehr daran gedacht, kam Catherine von der Schule nach Hause und war völlig aufgelöst. Mensch Mami, sagte sie, du wirst es nicht glauben, die Prüfungsfragen stimmten, doch der Hit war, auch noch die Reihenfolge. Nicht nur englische, auch französische Durchsagen habe ich erhalten. Ich selbst spreche keine Fremdsprache, doch die Kooperation verlief wunderbar.

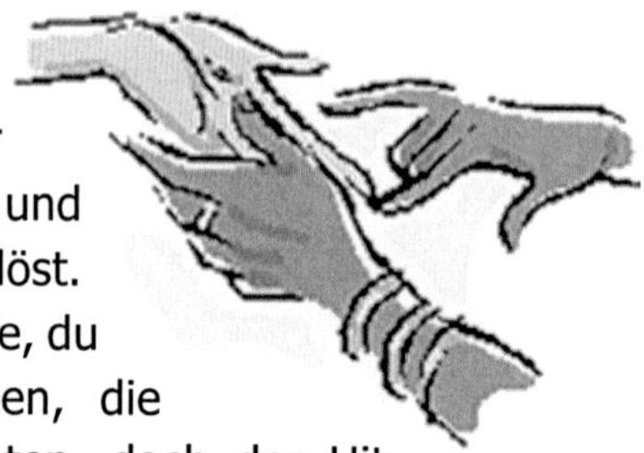

Eine Kundin saß vor mir und ich hätte sie nicht mit einer Französin in Verbindung gebracht, so bayrisch, wie sie sprach. Im Laufe der Sitzung tauchte ein Mann auf, der mit ihr in Verbindung stand. Ich hörte eine Stimme und konnte seine Sprache nicht verstehen. Einen kurzen Augenblick zögerte ich und sagte meiner Kundin, dass ich nicht verstehen kann was für Mitteilungen überbracht werden. Ich versuchte von der geistigen Weseneinheit Abstand zu gewinnen, doch er kam wieder herein und versuchte es nochmals. Nachdem ich nicht beeinflussen kann in welcher Form sie sich zeigten, konnte ich erst jetzt sein Gesicht erkennen.

Ich versuchte mich sehr anzustrengen und gab meiner Kundin ein Wort, mit dem ich nichts, sie jedoch sofort etwas anfangen konnte. Endlich klärte sich auf, dass es ihr Vater war, ein Franzose, der aber schon seit vielen Jahren tot war. Es ging eine Zeit lang hin und her und ich hatte mich schon an die Arbeit als Dolmetscher gewöhnt. Wir hatten viel Spaß dabei. Selten sah ich eine Kundin, die so gelassen war. Voll Freude war auch ihr Vater. Man findet auch viel Humor in der geistigen Welt. Die geistige Energie kennt weder Grenzen noch Entfernung.

Energie

Nachdem es vielerlei Möglichkeiten gab, den Weg nach oben zu öffnen, versuchte ich dieses Mal eine andere Methode, um Zugriff zu Prüfungsfragen zu bekommen. Es verging eine geraume Zeit und ich setzte mich vor einen Ordner mit Lehrmaterial. Ich beschloss, meine Augen zu schließen und blätterte eine Seite um. Ich verweilte kurz und lies meine Hände über das Papier gleiten. Waren es Prüfungsfragen, so spürte ich einen warmen kribbelnden Energiefluss. So ging ich Stück für Stück den Ordner durch und eine weitere Prüfung wurde bestanden.

Dies wurde jedoch nicht zu meinem täglichen Ritual. Aber es funktionierte. Und eine kleine Hilfestellung kann oft wahre Wunder bewirken. Für die Weiterentwicklung der Spiritualität ist die Meditation ein wichtiges Werkzeug zum Wissen. Es geht darum, in welchem größeren Zusammenhang wir unser Dasein erfüllen. Welche Rolle wir innerhalb des Universums spielen. Es geht um das Erkennen, warum das Ganze geschieht. Wir selbst sind unser Zuhause, unser Ich, unsere Seele. Ich habe gelernt, mein höheres Selbst zu befragen und mir meine eigene Wahrheit zu schaffen.

Meine Eingaben hatten auch etwas mit dem Energiezentrum meines Körpers zu tun. Man spricht hier von einem unsichtbaren Körper, der für die meisten Menschen nicht sichtbar ist. Es ist ein Energiefeld, das einige Meter reichen kann. Dieses Energiefeld nennt man Aura. Noch nie konnte ein Mensch die Aura fassen, doch auch den Wind können wir nicht fassen und er ist fühlbar. So, wie wir vieles auf dieser Erde nicht erfassen können, gibt es auch Menschen, die sich selbst nicht fassen können. Doch ist es eine hilfreiche Unterstützung, mit unserer Fähigkeit, die in jedem von uns steckt, zu arbeiten. Ich bemerkte bei der Beobachtung vieler Menschen, dass sie Ihre Gegenwart gar nicht wahrgenommen hatten. Unser energetischer Seelenhaushalt besitzt Anteile wichtiger Informationen, deren Zugriff wir leider vielmals gar nicht annehmen. Es ist wie mit einem Gegenstand, der jahrelang im Keller verstaubt, ohne zu wissen, dass es ihn noch gibt. Ich hatte das Glück schon früh den Organismus meiner Fähigkeit anzuerkennen. Mein Geistes- und Körpergefühl erhielt eine ganz neue Bedeutung. Wie praktisch wir doch alle ausgerüstet wären ... Durch Ruhe und Meditation bekam ich die Information Geschehnisse zu erfassen. Ein Prozess, der nicht zu sehen ist und dennoch besteht. Meine Arbeit, mich mit mir selbst zu beschäftigen und das Hineinhorchen meines höheren Selbst, brachte mir die einfachste Lösung. Ich nutzte die Energie, die mir zur Verfügung stand. Der Energiefluss meiner Lebensenergie brachte mir viele Erkenntnisse.

Anthony de Mello sagte einmal, warum ist hier jeder glücklich außer mir? Weil sie gelernt haben, überall Güte und Schönheit zu sehen. Warum sehe ich nicht überall Güte und Schönheit? Weil du da draußen nicht etwas sehen kannst, was du in deinem Inneren nicht siehst.

Der Zweifel in uns selbst stellt viele Blockaden auf. Lernen wir hingegen unserer Wahrnehmung zu vertrauen, fühlen wir die Wahrheit und spüren die Lüge. Hellsichtigkeit so wie die Arbeit eines Mediums ist nichts anderes als der Weg zum eigenen Selbst. Der Sinn darin ist seinen Weg zu gehen und offen zu sein für jegliche Erfahrung. Bilden Sie sich Ihre eigene Meinung. Eine weitere Übung soll Ihnen weiterhelfen, um Energie zu fühlen. Sie können sich dafür ebenso einen Ordner mit Prüfungsfragen vorlegen oder aber eine Situation, die vielleicht schon bald auf Sie zukommen wird. Auch für viele andere Dinge.

Übung

- Schließen Sie die Augen und atmen Sie wieder tief ein und aus.
- Beim Ausatmen lassen Sie alles los, was nicht zu Ihnen gehört. Jeder belastende Gedanke hat hier keinen Platz.
- Atmen Sie neue Energie ein und atmen Sie entlang Ihrer Wirbelsäule nach unten aus, bis Sie am Ende des Wirbels angelangt sind. Von dort aus lassen Sie ein Band hinuntergleiten immer weiter zum Mittelpunkt der Erde.
- Spüren Sie unendliche Energie und fühlen, wie diese empor nach oben steigt.
- Langsam jeden Wirbel von unten nach oben Ihrer Wirbelsäule entlang.
- Stellen Sie sich nun eine Öffnung am Scheitel vor und öffnen diese, um Zugang vom Universum zu bekommen. Diese Energie lassen Sie nun zu sich einfließen und beide Energien der Erde und des Himmels verschmelzen miteinander.
- Dieser Energiefluss gleitet nun in Ihre Arme – bis in die Fingerspitzen.
- Fühlen Sie die Energie? Ein Kribbeln, eine Kraft oder Sonstiges?

Verlieren Sie nicht den Mut, wenn es auf Anhieb nicht funktioniert. Es braucht Zeit. Falls Sie sich nun für den Ordner entschieden haben, lassen Sie Ihre Hände darüber einen Zentimeter gleiten. Achten Sie darauf, ob Sie entweder eine Energie wahrnehmen oder ein Gedanke hochsteigt. Die Seite, die Ihnen ein Ja gibt oder eine Energie fühlen lässt, ist richtig. Versuchen Sie es und finden Sie es heraus.

Eventuell bekommen Sie auch eine andere Art von Schwingung herüber, die Ihnen eine Bestätigung bringt. Prüfen Sie diese Übung, in dem Sie sie schriftlich festhalten und austesten.

Es gehörte nicht zu mir

Auch ich als Medium kannte Ängste und Unsicherheit an manchen Tagen. Es ist nicht so wie manche vielleicht vermuten, dass man für jede Empfindung eine Lösung hatte. Durch meine überaus hohe Sensibilität konnte ich Geschehnisse erahnen. Doch wusste ich damals nicht, ob es ein Anteil meiner Selbst war oder ein Einfluss von außen. Obwohl ich Schicksale nicht immer lokalisieren konnte, war es mir möglich, sie medial zu erfahren. Ich fuhr an einem Freitag zu einer Bekannten und deren Lebenspartner. Beide waren in einer Zwangslage und baten mich um Hilfe. Gerne war ich bereit und verbrachte mit Ihnen gemeinsam ein paar mediale Stunden. Es gab viele Themen und es tat beiden gut, etwas über sich selbst zu erfahren. Die Dämmerung brach mittlerweile ein und ich beschloss nach Hause zu fahren. Bei einer Fahrtzeit von dreißig Minuten überfiel mich auf halber Strecke ein seltsames Gefühl. Ich bekam eine Vision, die auch in mir ein Gefühl der Unsicherheit auslöste.

Ich sah einen Mann, der mir ein Messer an die Kehle hielt und mich bedrohte. Er versteckte sich in meinem Wagen, ohne dass ich ihn wahrgenommen hätte. Ich sah in den Rückspiegel, doch dort konnte ich nichts erkennen. Was für ein Blödsinn dachte ich mir noch, als ich zu Hause war. Ich kam an diesem Abend einfach nicht darauf, was es mir sagen wollte. Am nächsten Tag erfuhr ich durch die Zeitung, dass in der Nähe der Stelle, wo ich vorbeifuhr, sich diese Situation ereignete. Es gab also weiterhin etwas zu lernen für mich. Ich musste unterscheiden zwischen mir und dem Außen. Schließlich wollte ich nicht meinen Verstand verlieren. Es gab nicht gerade viele Menschen, mit denen ich darüber sprach und meist war es so, dass mir niemand dabei helfen konnte. Doch, dies sollte wohl so sein. Vielleicht kann ich jenen Menschen, denen es vielleicht so erging wie mir und nicht die Möglichkeiten haben mehr darüber zu erfahren, ein wenig behilflich sein. Die Aufnahme fremder Energie kann dazu führen, dass man entweder erschöpft ist oder Ängste auftauchen.

Ein weiteres Beispiel war die Reise nach Tunesien mit meiner Familie. Beim Heimflug bekam ich schlagartig über dem Bodensee eine panische Angst und fühlte den Absturz des Flugzeuges. Ich sah die Menschen und den Absturz, genau an dieser Stelle. Eigentlich dachte ich nur noch, dass etwas passieren müsste. Doch wieder war es nicht mein Anteil, sondern die Geschichte ereignete sich zwei Wochen später auf dieser Höhe. Ein Flug von der Schweiz nach München war ebenso unangenehm für mich. Ich hatte einen Fensterplatz und sah in die Wolken. Ich sah ein Flugzeug in einen Wolkenkratzer stürzen und viele Menschen sterben. Viel Kummer, Leid und Tränen, die sich auch in meinen Augen abzeichneten. Ich glaubte, dass sich dies ereignen würde – in meiner Gegenwart, doch heute weiß ich, dass es der Anschlag Amerikas am elften September war. Es gab Zeiten, in denen ich meine Fähigkeit als belastend empfand. Vor allem brachte es mir nichts Dinge zu sehen, die ich nicht vermeiden konnte. Somit baute ich mir ein Schutzschild auf und versuchte in meiner eigenen Mitte zu bleiben.

Damit gerade Menschen die am Anfang stehen und nicht wissen, wie sie damit umgehen sollen, ein wenig furchtloser damit umgehen können, möchte ich Ihnen meine Erfahrung mitteilen. Es gibt sicherlich sehr viele Bücher über dieses Thema, doch in meiner Praxis musste ich feststellen, dass es oftmals an praktischen Ratschlägen für den Umgang mit den Wahrnehmungen fehlt. Viele suchten einen Rat. Manche hatten Angst andere wussten nicht, wie sie damit umgehen sollen. Wiederum andere, die sich dafür interessieren, sollten bei einer Begegnung eigener Wahrnehmungen nicht verunsichert werden. Ich wäre oft froh gewesen, wenn mir jemand gesagt hätte, warum dies oder jenes so ist.

Zu diesem Zeitpunkt wäre ich auch nicht in der Lage gewesen oder auf die Idee gekommen, dass ich ja meine Freunde aus der geistigen Welt fragen könnte. Heute weiß ich es, nur eine Antwort ist auch nicht immer zu erwarten. Wahrscheinlich sorgen sie so dafür, dass es noch vieles gibt, was wir nicht wissen. Oder aber das ich mein Leben auch noch selbst leben muss. Einmal bekam ich bei einer Begegnung mit einem Mann in einem Aufzug ein starkes Druckgefühl auf der Brust und Atemprobleme. Zu dieser Zeit nahm ich alles auf, was ihn betraf. Seine Gedanken, Gefühle so wie Planungen. Außerdem hatte ich ein sehr unangenehmes Gefühl im Bauchbereich. Für mich war es wie ein Film, bei dem man mich nicht fragte, ob ich ihn sehen will oder nicht. Es stellte sich im Nachhinein heraus, dass er einen Überfall mit Geiselnahme, geplant durchführte. Er selbst kam dabei durch einen Schuss ums Leben.

Meine Vision beruhte zum größten Teil auf der Schwingungsebene der umgebenden Welt, die ich erfassen konnte. Diese Wahrnehmung entstand primär durch meine Sinnesorgane, deren Pforte geöffnet war, um diese Information zu erhalten. Auch wenn es von mir ungewollt war. Damit so etwas nicht passieren kann, ist es wichtig sich zu öffnen und zu schließen.

So wie unsere Sinnesfunktionen Sehen, Riechen, Schmecken, Hören und Spüren etwas ganz normales sind, funktionierte mein sechster Sinn. Dieser begünstigte sich noch mehr, durch innere Stille. Ich konnte also diese Situation somit visuell erfassen. Manchmal merkte ich auch in meinen Sitzungen, dass ich an Energie verlor. Dies geschah durch den feinstofflichen

Körper. Dies wird Aura und Chakren genannt. Beide sind sehr wichtig für die Entstehung von Geist, Körper und Seele. Menschen senden dadurch Botschaften bewusst oder unbewusst aus.

Für mich lernte ich eine Methode, um mich zu schützen. Es gibt in diesem Bereich vielerlei Möglichkeiten. Diese war mir behilflich, nur das zu sehen, was ich auch wirklich wollte. Damit lernte ich, es selbst zu steuern oder zu lenken. Ich fand somit auch heraus, was mich selbst betraf, eine fremde Person oder mein Umfeld.

Um mich herum stellte ich mir einen großen goldenen Lichtkreis vor, der um mich herum geschlossen wurde. Ich lies nichts hindurch und öffnete je nachdem eine Luke oder die Hülle ganz.

So stellte ich mir einen Verbindungskanal nach außen her, jedoch so, dass ich nicht alle Einflüsse von Außen aufnehmen musste. In dieser Lichthülle konnte ich mein Bewusstsein verändern, öffnen oder schließen. Ich saß somit in einer beschützten Hülle, wo ich mir keine Sorgen mehr machen musste, dass ich es war, der Gefahr drohte. Ich lernte zu unterscheiden und lies mich auf einen Deal mit meinem Körper ein. Alles, was mich betraf, äußerte sich zum Beispiel durch Herzklopfen. Jeder muss dies für sich selbst herausfinden. Mein Herzchakra war für mich stimmig.

Diese Art und Weise war für mich wichtig. Oft war es auch nur eine Schwingung von Menschen, die mir begegneten und ich deren Gefühlszustände erfasste, ohne dass dabei eine Warnung bestand.

Am Anfang wunderte ich mich oft, weshalb ich müde, unruhig oder deprimiert war. Ich selbst hatte in diesem Moment keinerlei Anlass dazu. Mit der Zeit wurde mir bewusst, dass ich die Schwingungen anderer Personen oder Situationen so stark aufnehmen konnte, dass es wichtig war, mich zu schützen. Alles ist Energie und Menschen besitzen diese feinstoffliche Aura wie eine zweite Haut. Diese besteht aus mehreren Schichten, die dichteste ist direkt am Körper. So ist es einem Sensitiven unweigerlich möglich, diese von anderen wahrzunehmen.

Haben Sie sich schon einmal gewundert, warum Sie deprimiert einen Ort verließen, obwohl Sie kurz zuvor noch glücklich waren? An dieser Stelle möchte ich Ihnen eine kleine Hilfestellung geben.

Übung

- ❖ Bevor Sie ihr Haus verlassen, können Sie sich vor Ihren geistigen Augen schon mal einen lichtvollen Schutzmantel anlegen.
- ❖ Ziehen Sie ihn einfach drüber wie einen Pullover.
- ❖ Diese erste Maßnahme gibt Ihnen innerlich Sicherheit.
- ❖ Senden Sie Liebe aus und denken Sie daran, dass Sie beschützt sind. Mit jedem Atemzug strahlt ihr Schutzschild in hellem Licht.
- ❖ Draußen, in denen es Situationen gibt, wo man sich oftmals unsicher oder gehemmt fühlt, stellen Sie sich einen Lichtkreis vor, der um Sie herum ca. einen halben Meter besteht.
- ❖ Lassen Sie ihn weiterhin strahlen – nun kommt nichts mehr an Sie heran, was Sie nicht möchten. Unangenehmes wird vorüberziehen.
- ❖ Sie werden sehen, es funktioniert.
- ❖ Natürlich können Sie sich auch ein Dreieck oder Sonstiges vorstellen, je nachdem, welche Variation Ihnen lieber ist.

Träume

Selbstverständlich benötigen wir auch zum Träumen Energie. Auch viele Träume, die ich hatte, brachten mir eine Botschaft. Manche waren wichtig und sie drangen nicht zu mir durch, da ich am Tage zu viel mit den alltäglichen Dingen beschäftigt war. Auf diese Weise können wir auch etwas verändern, wenn wir den Schlüssel der Botschaft entschlüsseln. Es gibt zwei Phasen, in denen wir ins Traumland übergehen. Man kann sie sogar als sehr wichtige Zeiträume unseres Lebens bezeichnen.

Manche Menschen benötigen mehr, andere weniger Schlaf und so wie meine Kinder immer sagten, es wäre Zeitvergeudung, ist manchen wirklich nicht bewusst, dass Gott oder unser Schöpfer, wie auch immer Sie ihn nennen möchten, uns auch damit einen nützlichen Zweck erwies. In dieser Zeit können wir vieles verarbeiten, erweitern und das ist lebensnotwendig. Oft gehen wir auch in diesem Zustand als Besuch nach Hause, ohne es zu wissen. Ich kannte Menschen, die sagten, sie würden überhaupt nicht träumen. Ich bin der Meinung, sie wussten es einfach nicht mehr oder hatten die Träume nicht beachtet. Bevor wir in den Tiefschlaf fallen, begegnen wir erst einmal einem tiefen Entspannungszustand. Das Bewusstsein ist noch leicht vorhanden. Dies könnte man mit einer Meditation vergleichen.

Wie eine Treppe, die hinuntergleitet, bewegen wir uns nun immer tiefer in einen Zustand, den man Tiefschlaf nennt. Wir benötigen diese Phase zur Regeneration und Erholung unserer Psyche. Auch zur Genesung von Krankheiten ist bekanntlich Schlafen die beste Medizin. Jetzt gilt es unseren Energiekörper zu verdichten, den wir bis dahin erreicht haben.

Dieser ist wie Ying und Yang, das Gegenstück zum physischen Körper. Wir bezeichnen dies als reine Energie. Es ist eine Reise zur geistigen Welt, unser Zuhause, das uns jeden Tag verbindet, ohne es bewusst wahrzunehmen. Viele Träume sind sicherlich auch Eindrücke des Erlebens am Tag, die verarbeitet werden möchten und auch müssen. Sehr viel nicht verarbeitete Themen in unserem Leben haben hier ihre Zentrale. Um sich Träume zu merken, wäre es sinnvoll einen Notizblock neben das Bett zu legen, so lange bis sie es trainiert haben die Träume wiederzugeben. Ich habe es oft so gemacht und es wirkte Wunder. Mehrmals wiederholte Träume, die immer wieder auftauchen von Zeit zu Zeit, zeugen von Blockaden im psychischem Bereich. Hier wusste ich, dass es wichtig war einer Tatsache ins Auge zu sehen. Es war an der Zeit etwas zu verändern und festzustellen, was in meinem Leben blockiert.

Es war mir wichtig meine Persönlichkeit nicht zu verdrängen. Auch wenn es nicht immer einfach war, so ist es mir daran gelegen stets einen Schritt vorwärts zu kommen, niemals stehen zu bleiben.

Träume haben uns soviel zu sagen. Tief in uns lebt eben eine Seele. Es gibt verschiedene Arten von Träumen, den Angsttraum, den Wunschtraum, Verfolgungsträume, Glücksträume, Warnträume usw. Einen Warntraum bekam ich eines Nachts und schreckte aus dem Schlaf hoch. Er kam mir derartig real vor. Es dauerte, bis ich mich wieder beruhigen konnte. Es vergingen vielleicht vierzehn Tage, als der Traum Wirklichkeit wurde. Man könnte ihn präkognitiver Traum nennen.

Diesen bezeichnet man als Warntraum zukünftiger Ereignisse. Es sind hellsichtige Träume, die auf zukünftige Situationen hinweisen, die man nicht bewusst wahrgenommen hat. Viele Menschen können über diese Art und Weise hellsehen. An einem Nachmittag war das Verhalten meiner jüngsten Tochter nicht so wie sonst. Es ging ihr zunehmend schlechter und sie legte sich sogar freiwillig ins Bett, was nie vorkam. Sie bekam Fieber, das immer weiter stieg. Ich rief einen Arzt, doch es dauerte, bis er kam. Mittlerweile hatte sie schon vierzig Grad Fieber. Ich hatte schon jede Methode versucht, um das Fieber zu senken, doch es half nichts. Zum Glück kam der Arzt gerade rechtzeitig, als sie einen Fieberkrampf bekam. Zu dieser Zeit wusste

ich noch nicht, dass es so etwas gibt und ich dachte mein Kind stirbt mir unter den Armen weg. Es waren die schrecklichsten Minuten meines Lebens.

Im Traum sah ich diese Situation voraus, ebenso einen Krankenhausaufenthalt bei ihr und eine Operation. In diesem Moment habe ich jedoch daran nicht mehr gedacht, nur im Nachhinein dachte ich mir, hätte ich vielleicht Vorbeugen können. Man sollte seinen Träumen wirklich Beachtung schenken. Die Kleine kam wirklich ins Krankenhaus und wurde auch operiert und es dauerte Tage, bis die Ärzte ihrem kritischen Zustand ein grünes Licht geben konnten. In dieser Zeit glaubte ich die geistige Welt ist für mich unnahbar geworden, doch sie war mir näher als je zuvor. Ich rannte an diesem Tag hinaus und schaute den Himmel hoch, Tränen in den Augen und hielt Zwiesprache mit Gott. Ich war soweit loszulassen, als ein leichter heller Lichtstrahl und die Gestalt eines Engels mir zeigten, es wird alles wieder gut. Danke nochmals an dieser Stelle dem Vater, dem Himmel und dem ganzen Universum.

Träume können uns helfen, zu uns selbst zu finden. Sie geben uns Hilfestellung, um zu den Einzelheiten unseres Lebens zu gelangen. Beobachten Sie, was Sie träumen, oft erkennt man eine Lebensaufgabe darin. Gerade hier ist Himmel und Erde so nah miteinander verbunden. Bitten Sie Ihren Engel der Träume um Hilfe. Auch diesen gibt es. Sie berühren uns oftmals sacht, ohne dass wir es bemerken. Bevor Sie heute Nacht Ihren Traum auf Reisen schicken, senden Sie doch ein Brieflein mit, den ihr Engel der Träume an der Himmelspforte abgeben kann. Meiner lautet oftmals Frieden für die Welt, Heilung für die Kranken, eine Zukunft voller Liebe und Kinder ohne Sorgen. Einmal kam ein Brief im Traum zurück und ein Wunsch erfüllte sich. Ein gewisses Gesetz wurde verschärft.

Kleine Traumdeutung

- Herunterzufallen bedeutet loszulassen und sich fallen zu lassen.
- Fliegen bedeutet einem Ziel näher zu kommen.
- Garten, Wiesen und Felder bedeuten häuslicher Frieden.
- Krankheit bedeutet Warnung oder Gefahr.
- Geldverlust bedeutet Leichtsinn.
- Personen aus der Vergangenheit bedeuten neue Lebensumstände.
- Unverhofftes Geld bedeutet Glück.
- Geldverlust bedeutet Chancen nicht zu verpassen.
- Gericht oder Amtliches bedeutet Entscheidungen und Gerechtigkeit.

- Feinde bedeuten negative Eigenschaften.
- Geschenk bedeutet Angebot.
- Gefängnis bedeutet Angst.
- Tiere bedeuten gute Intuition.
- Tod bedeutet einen neuen Lebensabschnitt.
- Unwetter bedeutet Leichtsinn.
- Bücher bedeuten Heimlichkeiten.
- Berge bedeuten Hindernisse.

Meditationen

Vor allem im asiatischen Kulturkreis ist meditieren eine alte Tradition. Für welche Körperhaltung Sie sich letztlich entscheiden, bleibt Ihnen überlassen. Eine Möglichkeit ist der Schneidersitz, so wie liegend oder am Stuhl sitzend. Wichtig ist in jedem Fall, dass Ihre Wirbelsäule gerade ist. Jeder Beruf bedarf einer Ausbildung so ist meditieren nichts anderes als die Weiterbildung zu sich selbst. Wir können dadurch Erfahrungen sammeln und sie lässt uns über unsere Grenzen hinauswachsen. Es ist ein Zustand, in dem das Leben hier und jetzt stattfindet. Alle Gedanken und Sorgen können uns hier nicht mehr beherrschen. Ein Gefühl der Geborgenheit entsteht. Damit tun Sie Ihrem Geist und dem Körper etwas Gutes.

Wir können es auch ›die Seele baumeln‹ lassen benennen. Um Sie herum sollte es ruhig sein, damit Sie sich völlig entspannen können. Meditation verstärkt das Einströmen neuer Energie, meist fühlt man sich danach wie neu geboren. Schon eine kurze Zeit von zehn Minuten kann Wunder bewirken. Es fördert auch die Hellsichtigkeit ungemein. Zumindest war es bei mir so. Schwierige Lebenssituationen können dadurch besser bewältigt werden und durch diese Zentrierung können Sie sich auf Probleme leichter einstellen. So manches kann einen nicht mehr aus der Fassung bringen. Allein dafür wäre es schon sehr viel wert, diese Art und Weise zu wählen. Eine weitere wunderbare Möglichkeit geben uns Klangschalen. Auch Mediziner und Psychologen verwenden mittlerweile schon diese Methode. Sie stammen aus dem tibetischem Kulturkreis und unterscheiden sich nach Größe, Klang und Tiefe. Sie erzeugen Schwingungen, die sich im ganzen Körper über die Hautoberfläche ausbreiten und zu tiefer Entspannung führen können. Finden Sie für sich selbst heraus, was Ihnen am besten liegt, denn nicht jeder profitiert davon. Für diejenigen, die sich schwer tun sich zu entspannen, ist dies allerdings eine wunderbare Alternative. Zur inneren Ruhe kommen Sie auf diese Weise sicherlich. Im Anschluss möchte ich Ihnen gleich eine Übung zur Verfügung stellen. Das oberste Gebot ist allerdings Zeit. Machen Sie sich von allem frei und lassen Sie sich nicht stören. Ein Rat wäre das Telefon auszustecken. Ich persönlich meditierte gerne in der Natur. Ich wünsche Ihnen nun Ruhe, Stille und Geborgenheit.

Übung

- ❖ Suchen Sie sich die Position aus, die Ihnen am meisten behagt.
- ❖ Legen Sie beide Hände auf Ihren Bauch. Die Beine berühren sich nicht. Schließen Sie die Augen.
- ❖ Atmen Sie nun durch die Nase ein und spüren Sie, wie Ihre Bauchdecke sich hebt.
- ❖ Atmen Sie durch den Mund aus und spüren Sie, wie Ihre Bauchdecke sich senkt.
- ❖ Versuchen Sie alle Gedanken loszulassen.
- ❖ Atmen Sie ruhig weiter und wandern Sie nun in den Bereich Ihrer Beine.
- ❖ Fühlen Sie die Energie, die von der Fußsohle aus hinauf zu Ihren Beinen fließt.
- ❖ Gehen Sie nun weiter in Ihren Bauch, oberhalb des Bauchnabels.
- ❖ Verweilen Sie eine Zeit.
- ❖ Atmen Sie in diesen Bereich gelbes Licht. Mit jedem Atemzug spüren Sie die Wärme und Harmonie. Achten Sie auf einen Gedanken, Emotion oder Bilder.
- ❖ Welche Botschaft bekommen Sie?
- ❖ Wandern Sie nun weiter hinauf zu Ihrem Herzen.
- ❖ Atmen Sie grünes Licht in Ihren Brustbereich. Mit jedem Atemzug spüren Sie Heilung in diesem Bereich. Verweilen Sie kurze Zeit und achten Sie auf die Botschaft.
- ❖ Wandern Sie weiter hinauf zu Ihrem Hals.

- Atmen Sie blaues Licht hinein. Dieser Bereich steht für Friede und Kommunikation. Verweilen Sie kurze Zeit und kommunizieren Sie mit Ihrem fünften Chakra.
- Wandern Sie weiter zu Ihrer Stirn.
- Atmen Sie violettes Licht in Ihre Stirn. Dieser Bereich steht für Spiritualität. Verweilen Sie für kurze Zeit dort und nehmen Sie wahr, was Sie sehen.
- Wandern Sie nun weiter zu Ihrem Scheitel.
- Atmen Sie klares weißes Licht in diesen Bereich. Verweilen Sie eine Zeit dort und nehmen Sie Botschaften wahr. Ziehen Sie nun einen hellen Lichtkreis um Ihren Körper.
- Beenden Sie die Meditation.

Der Blick ins Jenseits

Schon solange es Menschen auf der Erde gibt, gibt es den Glauben an ein Leben nach dem Tod. Während einige dazu tendieren, vor diesem Thema zurückzuschrecken, können andere nicht genug davon bekommen. Durch unerklärliche Phänomene, geistige Visionen, Nahtoderlebnisse und die Kommunikation mit der geistigen Welt, können wir davon ausgehen, dass es ein Weiterleben gibt. Für mich selbst stellt sich diese Frage nicht mehr. In einer Jenseitssitzung fragte ich einmal, warum wir Menschen Angst vor dem Sterben haben und die Antwort lautete, weil ihr nicht loslassen könnt.

Zum Zeitpunkt unseres Todes geschieht ein Vorgang, in dem sich unser physischer Körper von der geistigen Essenz trennt. Wir sind im Wesentlichen geistige Geschöpfe, die einen physischen Körper besitzen. Nach Ableben unseres Todes legen wir diesen wie einen Mantel ab. Die Seele, als eigentlicher Mensch bleibt bestehen. Ein Teil unserer geistigen Essenz bleibt als Pfand zur Erdenzeit drüben. Dieses besuchen wir oftmals im Traum. Somit bleibt ein gewisser Kontakt zwischen hier und dort bestehen. Kinder fragen oft, ob dies der Himmel ist, den sie sehen können.

Leben dort die Engelein? Diese Dimension durchschreitet jedoch die physische Welt und das Universum. Wenn die Seele ihren Körper verlässt, beobachtet sie von oben ihren leblosen Körper. Sie verspürt keinen Schmerz und hat sich ihren Zeitpunkt selbst gewählt, wie, wann und wo sie aufsteigen möchte. Viele Nahtodpatienten beschrieben diesen Zustand als Leichtigkeit, sahen helles Licht am Ende eines Tunnels und spürten Frieden. Am Ausgangspunkt des Lichts werden schon vorausgegangene Verwandte gesehen, die einen abholen werden. Dieses Licht wird auch das Tor zum Himmel genannt. Zu dieser Zeit wird die Seele vor die Wahl gestellt, ob sie zu ihrem physischen Körper zurückkehren will. Der Engel des Todes steht solange an der Seite, bis wir die Entscheidung getroffen haben. Doch das Licht, das voller Liebe zu uns strahlt, hat eine Anziehungskraft, die vielen eine Entscheidung abnimmt. Wir wollen nicht mehr zurück.

In diesem Moment läuft noch einmal unser Lebensfilm in der Reihenfolge rückwärts ab. In der geistigen Welt gibt es verschiedene Sphären, in denen wir uns hinbegeben, um weiterhin zu lernen. Ich selbst konnte in meinen Begegnungen mit dem Jenseits Orte sehen, die unserer Welt sehr ähnlich sind. Einmal sah ich meinen verstorbenen Hund auf einer großen wunderschönen Blumenwiese sitzen. Auch Tiere überbrachten Botschaften.

Dass von dort niemand mehr zurückkommen möchte, konnte ich dann verstehen, denn hier ist die Liebe Gottes unbeschreiblich und allgegenwärtig wie bei uns die Luft zum Atmen. Ich konnte dort keinen Hass, Wut, Trauer oder Sorgen feststellen.

Die Kommunikation findet hier nur noch über Gedanken statt und da es weder Zeit noch Raum dort gibt, bewegt sich die Seele schwerelos und kann reisen, wohin sie will. Sie können somit auch an mehreren Orten gleichzeitig sein. Da es auch hier Gesetze und Zugänge gibt, die uns noch nicht offenbart werden, hat mir die geistige Welt einen Geistführer zur Verfügung gestellt. Oftmals unterstützt er mich zur Kommunikation oder um weiteres Wissen darüber zu erlangen.

Da es verschiedene Sphären im Jenseits gibt, hat jede eine eigene Entwicklungsstufe. Diejenigen die schon weiter vorangeschritten sind, können sich auf eine niedrigere Ebene einstimmen. Andersrum ist dies jedoch nicht der Fall. Die niedrigste Stufe ist wohl die graue Zone, in der wie manche sagen: Mörder, Verbrecher und Sonstige verweilen. In manchen Jenseitssitzungen erschienen Verstorbene jünger als zum Zeitpunkt ihres Todes. Eine Klientin, deren Mutter verstarb, wunderte sich, weshalb ich ihre Mutter um Jahre jünger beschrieben habe. Denn am Ende ihres Lebens war sie durch jahrelange schwere Krankheit gekennzeichnet.

In der geistigen Welt werden sie jedoch frei von

Schmerz und zeigen sich nicht selten in der Form der Jugend. In der oberen Stufe jedoch glänzen sie im strahlenden Licht. Diese nenne ich Lichtwesen. Nachdem die Liebe das Höchste ist, wonach wir streben, sind wir am Ende alle auf diesem Weg dorthin. Wir alle haben unseren freien Willen bekommen und deshalb sollten wir auch jedem Menschen seine freie Religionsfreiheit gewähren. Es ist auch wichtig, dies am Sterbebett zu respektieren. Wesentlich ist die Freiheit der Seele zur Erfüllung des Schöpfungszieles. Für mich persönlich allerdings ist eine Religion die bewertet, manipuliert und richtet, nicht stimmig. Sie beeinträchtigt unsere geistige Entwicklung.

Falsche Freunde

Lieber falscher Freund,
danke, dass du mir begegnet bist,
du hast meine Entwicklung vorangetrieben,
mir den Spiegel meines Selbst gezeigt,
danke, auch Verzeihen musste ich lernen,
durch das Opfer, das ich bringen musste,
erkannte ich die Stärke meines Gefühls,
du hast mir gezeigt, dass nur dort Gerüchte entstehen konnten,
wo Unwissenheit herrschte,
danke für die Tränen,
denn sie brachten mir Veränderungen,
danke, dass du dadurch einen Stillstand verhindert hast,
du lehrtest mich loszulassen,
danke, dass ich durch dich erkannte,
dass nur dort Hoffnung entsteht,
in der ich Erwartungshaltung aufbaute,
danke, dass ich dadurch Wutgefühle lernte,
auch diese waren wichtig,
Stolpersteine ließen mich aufstehen,

danke, dass du mich gelehrt hast,
dass ich vieles hinnehmen muss,
was ich nicht ändern kann,
du lehrtest mich,
mich von diesen Dingen zu trennen,
dass eine vom anderen zu unterscheiden,
du zeigtest mir, dass Hass und Liebe ganz nah beieinander stehen,
du lehrtest mich, dass es falsche Freunde gibt,
ich lehrte dich, dass du erst siehst, wie sehr man einen Freund braucht, wenn man ihn verliert.

Denken Sie nicht länger darüber nach, was ein falscher Freund Ihnen angetan hat, sondern danken Sie dafür, dass er in ihr Leben trat.

Erden

Um wieder ein wenig auf die Erde zu kommen, ist es wichtig sich zu Erden. Es bedeutet, mit der Erdkraft eins zu werden und verbrauchte Energien an die Mutter Erde zurückzugeben. Erden und Zentrieren ist eine Art Meditation, die wir durch Visualisieren ergänzen. Vor allem, ich brauche es, um nicht den Boden unter den Füßen zu verlieren. Tief in der Erde sind wir verwurzelt, um eine Verbindung herzustellen. Somit spüren wir den Kreislauf der Energie in uns. Ein Energieausgleich wird somit gewährleistet und dafür gibt es verschiedene Möglichkeiten. Auch Barfuß im Sommer zu laufen, ist eine wunderbare Alternative um sich zu Erden.

Übung

- Stellen Sie sich gerade hin und schließen Sie die Augen.
- Atmen Sie ruhig ein und aus.
- Genießen Sie die Ruhe und lassen Sie sich durch nichts stören.
- Tragen Sie den Gedanken, visualisieren Sie, dass sich Wurzeln bilden,
- am Ende der Fußsohle.
- Diese dringen immer weiter in die Erde ein, bis Sie mit der Erde verwurzelt sind.
- Von dort strahlt eine enorme Energie, die sich nun mit uns verbindet.
- Lassen Sie diese Energie durch Ihren ganzen Körper hinaufsteigen.
- Atmen Sie diese tief ein.
- Strecken Sie Ihre Arme aus.
- Lassen Sie diesen Energiestrom nach oben wachsen.
- Das Ganze bildet nun einen Kreislauf, in dem die Energie an der Wirbelsäule entlang, wieder zur Erde hinunterfließt.
- Die Arme können sich wieder senken, und Sie kehren wieder zu sich zurück.
- Eine neue Energie werden Sie spüren.
- Öffnen Sie die Augen und genießen Sie das Gefühl Ihrer neue Kraft und Entspannung.

Engelein

Engelein, ich danke dir.
Stets hast du über mich gewacht
und mit mir viele Sorgen durchgemacht.
Oft habe ich dich erst zu spät erkannt,
obwohl du mir gabst deine Hand.

Immer mehr, mit nichts zufrieden
hast du Mühe dir,
mit mir gegeben.
Aus Leid und Krankheit nichts gelernt,
gab ich die Schuld jenen
die mir weh getan in meinem Leben.

Oh, wie hab ich doch Gewalt gehasst,
hab dich für vieles Leid der Welt veracht.
Mir könnt so was nie passieren,
schimpfte ich über die Nachbarin.

Doch was tat ich, ohne es zu verstehen,
hab Kummer meinem Kind gebracht.
Nicht besser war ich als andre,
bot stattdessen Fremden Hilfe.

Oh, wie gütig ich doch sei,
dacht ich mir, bei meinem Geschrei.
Immer mehr wollt ich erreichen,
gelang es nicht,

dacht ich, welches Schicksal habt ihr mir gegeben.
Verlassen und von keinem beacht,
verlor ich auch den letzten Halt.
Alle andern hatten mehr als ich,
doch zugestanden wär's für mich.

Wo bis du nur Engelein,
wahrscheinlich wird's dich gar nicht geben
hab verlernt dich mit dem Herzen zu sehen.

Ein Weiser bewertet nicht. Wie heißt es so schön, wer ohne Sünde ist, werfe den ersten Stein.

Elfen und Feen

Unbewusst haben wir sie alle schon einmal gesehen. Wer viel Zeit in der Natur verbringt, hat sicherlich schon einmal im Augenwinkel ein Vorbeihuschen wahrgenommen, was unerklärlich war. In manchen Momenten bewegte sich eine Blume oder ein Blatt, obwohl es windstill war. Einige glauben daran, andere sagen es sei Unfug. Es verhält sich nicht anders, wie der Glaube an die geistige Welt oder Schutzengel. So wie die einen Ufos sahen und andere es nicht nachvollziehen konnten.

Ich selbst habe noch keines gesehen, doch warum sollte es sie nicht geben. Wir Menschen haben leider die Angewohnheit zu glauben, dass es nur uns, die Tiere und Pflanzen gibt. Feen können sich in verschiedenen Formen zeigen. Schauen wir genau hin, können wir sie in Wolken, Feldern, in Bergen oder aber auch im Garten sehen. So wie manch einer Lichtwesen sehen kann, gibt es auch Elfen. Ich wunderte mich oft, warum mein Hund oder meine Katze auf eine Stelle blickte, an der ich überhaupt nichts erkennen konnte. Kinder haben oft noch diese Gabe, all dies zu sehen, deshalb sollten man die Worte die aus ihrem Munde kommen, nicht als Spinnerei sehen. Es gibt für sie auch den so genannten imaginären Freund, der lange ihr Spielgefährte ist.

Sie sind noch reinen Herzens und haben den Zugang ins Reich der Natur und all dem Übersinnlichen, wie wir es nennen. So wie jenen Menschen von uns die sehr sensibel sind, bereitet es auch diesen Wesen großen Kummer und Schmerz, all den Hass und die Umweltverschmutzung, Missgunst und Brutalität mit ansehen zu müssen. Sie tragen einen Teil dazu bei, die Erde zu heilen. Wie oft hat sich die Natur schon gerächt. In unseren Kindertagen war das Übersinnliche selbstverständlich doch wurden wir durch diese Welt blind und taub gemacht.

Allgemein werden Feen als wunderschöne Wesen bezeichnet, die sich unsichtbar oder sichtbar machen können, wann immer sie wollen. Mir ist aufgefallen, dass wieder immer mehr Menschen sich eine kleine Fee oder Elfe aus Porzellan oder wie auch immer, ins Wohnzimmer stellen. Elfen werden als Lichtwesen der Natur bezeichnet, die positive Kräfte aussenden. Wer ins Reich der Elfen eintauchen möchte, muss mit dem Herzen sehen und hören. Gehen Sie doch einmal bei Ihrem nächsten Spaziergang in den Wald auf Abenteuersuche, vielleicht begegnen Sie einer Elfe. Mit bedingungsloser Liebe lässt man Sie bestimmt in das Reich der Feenwelt hinein.

Spirituelle Suche

Gerade in dieser Zeit befinden sich immer mehr Menschen auf dem Weg der Suche zum Ganzen. Das zwanzigste Jahrhundert bewegt in uns, die Welt in der wir leben, besser verstehen zu lernen. Die Frage stellt sich immer häufiger, was hat das alles für einen Sinn. Wer bin ich usw. In uns ist eine Sehnsucht, eine Vorstellung von dem was noch Existieren könnte, nicht mehr unter den Tisch zu kehren und es in unserem Sein zu manifestieren.

Es gibt viele, die von Magie oder Orakeln begeistert sind, doch selbst nicht einmal wissen, wer sie selbst sind. Sie gelangen leicht in die Hände von Scharlatanen und lassen ihr Leben davon leiten. Doch der erste Schritt zur spirituellen Höherentwicklung ist die Suche nach Selbsterkenntnis. Es mag keine leichte Aufgabe sein, sich selbst zu erkennen doch erst hier sollte man die Reise in die mediale, spirituelle oder magische Welt wagen. Es gilt sowohl die physischen als auch die metapsychischen Ursachen zu erkennen. Die eigene Kultur steht einem in der Regel immer am nächsten. Dennoch haben alle Wege grundsätzlich nur ein Ziel nämlich ein und dasselbe. Licht und Liebe.

Unbewusst durchlaufen wir Menschen den Aufstieg.

Den Aufstieg ins Licht. Dies kann sich in vielerlei körperlichen Beschwerden auswirken. Extreme Schlafstörungen, Kopfbeschwerden oder Ängsten. Man spricht hier auch von einem Seelenintegrationsprozess. Es wirkt sich auch in sofern aus, dass man keinen Sinn mehr in diesem Leben sieht. Trotz höchsten Reichtums, empfindet so mancher keine Erfüllung. Und man fragt sich, was habe ich letzt Endes wirklich erreicht. Es gibt mehr als nur den Alltag mit seiner äußeren Leistung und Erfolgsbezogenheit. Irgendwann stehen wir alle an diesem Punkt und stellen uns diese Frage. Leider oftmals zu spät. Wenn man so recht bedenkt, was macht das Leben wirklich aus? Vieles, was erreicht ist, führt zu Frustration und das Ziel ist nur eines zu erkennen – was das Leben wirklich ist. Diese Darstellung ist eine Reise, der Kreislauf von Tod und Wiedergeburt. Dieser Heilungsprozess schlummert tief in uns, es heißt Energien zu transformieren, umzuwandeln in positiv oder negativ. Dies geschieht, wenn man sich bewusst wird, was im Unbewusstem liegt. Und insgeheim suchen wir alle nach Glück, Frieden und Erfüllung. Welche Art von Glauben für Sie stimmig ist, finden Sie nur heraus, wenn Sie in aller Ruhe in sich selbst hineinhorchen. Andere können Ihnen viel erzählen, wenn Sie es nicht in sich selbst spüren und erfahren.

Wir können die Befehle unseres Ursprungs nicht mehr ignorieren. Auch Skeptiker wagen einen Blick hinter die Kulissen. Sei es, dass sie selbst unerklärliche Phänomene wahrnehmen oder das Gefühl haben, jene Situation schon einmal erlebt zu haben. In einer Jenseitssitzung erhielt ich die Auskunft, dass es an der Zeit ist. Wenn ich mir die Welt so ansehe, ist die Zahl der Erkrankung im psychischen Bereich mittlerweile schon sehr hoch. Da wir wieder zum Ursprung zurückkehren, können wir mit Lärm und Stress immer weniger umgehen. Der Körper und die Psyche schlagen Alarm. Wir sehnen uns nach Ruhe.

Wenn man es so recht betrachtet: was ist das Ziel der Menschen? Jeder wünscht sich nur eins, wirklich geliebt zu werden. Und um selbst geliebt zu werden, müssen wir wieder lernen Liebe zu geben und vor allem sich selbst. Doch diese nach außen hin abzugeben oder sich ausnützen zu lassen, sind zwei paar Stiefel. Die Schwingungen der Erde erhöhen sich. Und so wunderbar es auch ist, die Botschaften der geistigen Welt zu integrieren, so ist es auch wichtig, nicht abzuheben.

Ein Ort der Ruhe, ein Spaziergang in der Natur oder im Garten zu sitzen kann wahre Wunder bewirken. Über all die vielen spirituellen Wege gibt es tausende von Möglichkeiten und jeder weiß mehr als der andere. Doch wer sich in die Hand eines Gurus bewegt, kommt sicherlich nicht auf seiner Suche weiter. Er lässt sich nur unweigerlich manipulieren und kommt seines Weges nicht voran. Ich möchte Ihnen raten, auf Ihrem Wege der Spiritualität nach innen zu gehen. Versuchen Sie ihr Dasein zu fühlen. Gehen Sie den Weg der Selbstfindung und Selbstverwirklichung. Bitten Sie Ihre geistigen Führer um Hilfe, in Liebe und Dankbarkeit.

Was ist Liebe

Liebe ist nicht etwa das Wort ›ich liebe dich‹. Liebe ist viel mehr. Wahre Liebe finden wir hier auf Erden nur selten. Die Liebe erwartet nichts, wir können sie fühlen aber nicht beschreiben. Mit ihr überwinden wir alles. Sie ist viel mehr als nur ein Wort und kennt keine Grenzen. Wahre Liebe wird Hindernisse überwinden und es wird einem an nichts fehlen. Die Liebe wechselt das Alte nicht für Neues aus. Sie hat Zeit und hört dir zu, wird mit dir gehen und verzeihen. Sie bewertet nicht. Eifersucht ist ihr fremd und sie ist niemals besitzergreifend. Wahre Liebe zerstört nicht, läuft niemals davon ist Anfang ohne Ende. Liebe ist das, wonach wir alle streben, doch können wir auch wirklich selbst diese Erwartung nach außen hin abgeben?

Abschied

Auf einmal ist nichts mehr so, wie es einmal war. Der Alltag ist nur schwer zu ertragen und alles scheint leer und sinnlos zu werden. Das Gefühl der Einsamkeit reißt viele Wunden in uns hinein. Mit Trauer können wir nicht umgehen und verfallen nicht selten in Depressionen. Was nun so unendlich von uns verdrängt wurde, ist auf einmal Wirklichkeit. Jeder Mensch trauert auf seine Art und Weise.

Eines Tages kam ein Mann zu mir, der seine Frau und sein Kind verloren hatte. Er sagte zu mir, es ist schwierig überhaupt noch an etwas zu glauben. Man hat mir alles genommen, was in meinem Leben wichtig war. Nichts habe ich verbrochen, stets versuchte ich es allen recht zu machen und niemals habe ich jemanden etwas Schlechtes angetan. Warum und immer wieder warum. Er spielte mit dem Gedanken sich das Leben zu nehmen, weil er keinen Ausweg mehr sah. Ich hörte ihm lange zu und sagte ihm, dass es nichts mit diesem Leben zu tun haben muss.

Es können Anteile aus einem vergangenen Leben sein. Vieles was hier geschieht an Leid und Schicksalsschlägen haben wir vielleicht aus einem letzten Leben zu verantworten. Vielleicht, sage ich deshalb, weil ich es nicht beweisen kann, aber dennoch in all den vielen Jahren meiner Arbeit, zu meiner für mich entdeckten Wahrheit wurde. All das, was ich erlebte, lieferte mir einen Beweis dafür. Wir haben uns wieder inkarniert um Schmerzen, die wir anderen zugeführt haben, am eigenen Leib zu spüren. So, wie wir jetzt unser Leben meistern, hat es eine Auswirkung auf weitere Inkarnationen. Sich das Leben zu nehmen, ist sicherlich ein Schritt zurück in der Entwicklung. So, wie uns die Vergangenheit einholen kann, können uns Anteile, die wir vor Hunderten von Jahren vielleicht einmal begangen haben begegnen.

Damit unsere Seele weiter voran kommt, inkarnieren wir solange und bekommen das Karma auferlegt, das wir tragen können. Wer einmal gemordet hat, wird selbst umgebracht. Wer Menschen in Armut stürzte, wird heute selbst in Armut leben. Erst wenn wir gelernt haben selbstlos zu lieben und zu handeln, werden wir nach vielen Inkarnationen in Freiheit heimkehren. Diejenigen die heute Kriege führen, werden sicherlich in irgendeiner Inkarnation selbst im Krieg getötet.

Jede Handlung, die wir ausführen, fällt eines Tages auf uns zurück. Jeder soll das glauben, was er will, doch wenn ich es so recht bedenke, ist mir durch die Beobachtung vieler Jahre aufgefallen, dass es nicht anders ist. Unsere Erde ist der Planet der Schule, man könnte ihn auch als den Kindergarten des ganzen Universums bezeichnen. Ich wollte diesen Mann in seiner

Verzweiflung keineswegs belehren, doch mir fiel auf, dass er nach unserem Gespräch gestärkt nach Hause ging. In einer Rückführung wurde ihm gezeigt, dass er eine ganze Familie auslöschte. Heute ist er über vieles hinweggegangen und erkannte seine für sich entdeckte Wahrheit. Sehr weit von meiner entfernt war sie nicht. Heute ist er wieder glücklich verheiratet und hat einen kleinen Sonnenschein bekommen. Seinen Sohn Lukas. Viele lernten durch eine liebevolle Rückführung all das Hier und Jetzt zu verstehen. Ich selbst habe durch konsequentes Arbeiten, vieles in mir erkannt. Vieles war sehr tiefgründig und zeigte mir mein wahres Sein. Sicherlich werde ich noch vieles lernen und dieses Leben wird nicht ausreichen, um all das zu verstehen.

Signale

Unser Körper sendet uns Signale und möchte uns zeigen, wenn wir ein Stoppschild übersehen haben. Wenn körperliche Beschwerden uns plagen, hat uns die Seele etwas zu sagen. Statt sie zu ignorieren, sollten wir sie hinterfragen und ihr helfen etwas zu verändern. Jede Krankheit möchte uns mitteilen, ich bin nicht mehr in der Lage mehr zu verkraften, hör mir endlich zu.

So sehr wir auch die Seele ignorieren möchten, der Körper lässt sich das nicht gefallen. Er pokert nicht lange mit uns umher. Stress ist bis zu einem gewissen Maß ein normaler Begleiter unseres Lebens und ganz ohne wird es nicht möglich sein, doch wenn er über eine längere Zeit Bestandteil bleibt, werden wir krank. Oftmals machen wir uns Stress selbst und gehen über unsere eigenen Grenzen hinweg. Disharmonie entsteht zwischen Körper und Seele. Versuchen Sie die Ursache Ihrer eventuellen Beschwerden herauszufinden und stellen Sie wieder eine innere Ordnung her.

Der beste Freund ist ihr Körper, er möchte achtsam von Ihnen behandelt werden. Fragen Sie sich, was Ihnen gut tun würde, was Sie brauchen, um wieder gesund zu werden. Wir dürfen niemals einem anderen die Schuld dafür geben, wenn es uns schlecht geht, denn wir sind selbst schuld, wenn wir es zulassen. Tun wir auch wirklich das, was unserem Naturell entspricht oder wollen wir nur gefallen in dem wir einen Beruf oder sonstiges wählen, der eigentlich gar nicht zu uns gehört. Gewohnheiten stehen uns oftmals im Wege. Einen Schlussstrich zu ziehen fällt vielen schwer. Doch ein reinigendes Gewitter ist besser als jahrelange schwarze Wolken. Unsere Krankheit möchte uns zeigen Verhaltensmuster zu überdenken. Eine Krankheit bricht nicht aus heiterem Himmel hervor, es kann mit jahrelangen Belastungen zusammenhängen. Denken Sie darüber nach. Versuchen Sie den tiefen Sinn zu ergründen und verändern Sie etwas. Gönnen Sie sich mehr Zeit für sich selbst. Es ist eine Frage der Einteilung und wie viel Sie sich selbst wert sind.

- Falsche Denkweise oder Lebensenergie betrifft das Immunsystem.
- Partnerschaftliche Probleme, Mangel an Zärtlichkeit betrifft die Nieren.
- Berührungsängste betrifft die Haut.
- Berufliche Überforderung oder Sorgen betrifft Rücken oder Schwindel.
- Sich selbst nicht zu lieben oder sich von anderen beherrschen zu lassen, kann Krebs verursachen.
- Zu viel Überbelastung und Stress, so wie der Verlust von Freude betrifft das Herz.

- Verbitterung betrifft unterdrückte Gefühle, so wie Emotionen, die gelebt werden möchten.
- Verspannungen und Verstopfung betrifft Loslassen.
- Zukunftsängste betreffen den Enddarm.
- Ekzeme und Furunkel, man möchte aus der Haut fahren.
- Es brodelt tief in uns, Aggressionen betreffen Embolie oder Thrombose.
- Lebensfreude verloren betrifft Blutgerinnsel oder Blut, auch Schlaganfall oder Herzinfarkt.
- Ängste, Panik betrifft Verdrängen traumatischer Erlebnisse oder Ignorieren individueller Wünsche.

Kostenlose Reise

Mehrmals erlebte ich geistige Reisen. Ich konnte Ereignisse wahrnehmen, die weit von mir entfernt waren. Teilweise musste ich nur an Personen denken, die ich kannte. Um zu sehen wie es ihnen augenblicklich ging, bewegte ich mich an den Ort, an dem sie sich gerade befanden. Ich benützte es nur, um mich zu vergewissern, wenn ich das Gefühl hatte sie würden meine Hilfe brauchen.

Eines Abends schwirrte mir meine Freundin ständig in meinem Kopf herum. Intuitiv wusste ich, dass es ihr nicht gut ging. Um mir Gewissheit zu verschaffen, reiste ich mental zu ihr. Ich begann meine Augen zu schließen und fest an sie zu denken. Sie war eigentlich frisch verliebt deshalb wunderte ich mich, dass ich sie alleine im Bad vorfand. Ihr neuer Freund Pierre saß auf der Couch und schaute Fernsehen. Ein trauriges Gesicht nahm ich von ihrer Seite wahr, dennoch begab ich mich wieder auf meine Heimreise.

Am nächsten Tag telefonierten wir beide und ich sagte ihr, dass ich ihr gestern einen mentalen Besuch abgestattet hatte. Sie bestätigte mir, was ich sah und somit auch ihren Liebeskummer.

Ebenso verhielt es sich mit einer anderen Freundin. Ich spürte, dass es ihr nicht gut ging, doch noch am Morgen erzählte sie mir, dass sie am Abend weggehen möchte. Auch dieses Mal reiste ich im Geiste zu ihr und wunderte mich, dass sie noch zu Hause war. Sie lag mit einem traurigen Gesicht auf der Couch und las in einer Zeitung. Sie brauchte wohl jemanden zum reden. Ich zögerte nicht lange und griff zum Telefonhörer, um zu schauen, ob dies stimmte. Volltreffer konnte ich nur noch sagen. Sie freute sich sehr und bestätigte mir auch, dass sie sehr intensiv an mich dachte. Wir redeten lange und sie erzählte mir, warum aus ihrer Verabredung am Abend nichts geworden ist.

Diese Methode benutzte ich einmal um zu sehen was mein Sohn zu dieser Zeit machte. Er blieb an diesem Tag bei einem Freund zum Übernachten und ich sah sie beide dort durchs Haus schleichen. Beide rauchten heimlich eine Zigarette. Am nächsten Tag kam er heim und ich fragte ihn, wie die Zigarette denn geschmeckt hätte – an der Kellertreppe. Er sah mich mit großen Augen an und schluckte. Ich schmunzelte und sagte: Tja, du kannst halt nichts vor mir verheimlichen. Wir mussten beide lachen und er versprach mir, dass dies nicht zur Gewohnheit werden würde. Ich erklärte ihm, dass ich dies nur gemacht hatte, weil ich sehen wollte, ob es ihm auch gut ging, weil ich mir Sorgen machte, da er das erste Mal außer Haus schlief. Es sollte niemals eine Kontrolle sein.

Solche Reisen könnte man als bewusste Astralreisen bezeichnen. Es gibt bewusste wie auch unbewusste. Astralreisen sind allerdings nicht ganz ungefährlich, und sollten nicht gemacht werden, wenn man nicht voll und ganz darüber Bescheid weiß. Informieren Sie sich bitte, bevor Sie diese praktizieren.

Der Umgang mit einem Medium

Da medial veranlagte Menschen sehr fein fühlend sind, könnte man sagen, ihr Gefühl ist ihr Verstand. Viele wissen meist gar nicht, wie sie damit umgehen sollen. Sie empfinden sehr stark und zweifeln daran, was sie wahrnehmen. Sie trauen sich nicht über Ihre Erlebnisse zu sprechen, aus Angst man könnte sie für verrückt oder krank halten. Die Medialität ist jedoch kein abnormaler Zustand und auch kein Fluch. Und eine mediale Veranlagung macht noch kein Medium aus. Es ist eine Aufgabe, die ausgebaut werden muss. Es gibt oftmals viele Durchlaufstationen, bevor man erkennt was in einem vorgeht. Ich habe viele Glaubensrichtungen untersucht und war teilweise verwirrt, da man mir einreden wollte, es hätte etwas teuflisches an sich. Hat man niemanden, der einen anders belehrt, kann man leicht in tiefe Depressionen verfallen.

Ich selbst würde mich als einen sehr zurückgezogenen Menschen bezeichnen. Ich liebe die Stille und Ruhe und freue mich über jede Sekunde in der Natur. Für manche meiner Mitmenschen war es schwer an mich heranzukommen, da ich mich meist sehr verschlossen hatte. Durch meine hoch sensitive Antenne konnte ich die Gefühle und Gedanken anderer erfassen und sehr stark mitleiden. Auch wenn ich lernte mich zu schützen, so konnte ich meine Fähigkeiten zum Hellsehen, Hellfühlen, Hellhören nie ganz abstellen. Dies war auch eine Eigenschaft von mir persönlich. Meine Sinnesorgane wurden im Laufe der Jahre immer sensibler. In allem was ich tat, musste ich mich wohlfühlen. Es war für mich sehr unangenehm und fast schmerzhaft in einer Umgebung zu sein, die sich für mich unangenehm anfühlte. Menschenansammlungen waren fast nicht mehr möglich. Doch darüber war ich nicht traurig. Die Gefühle eines Mediums kann man leicht verletzen und deshalb war es für mich sehr wichtig enorme Grenzen zu ziehen.

Deshalb wundern Sie sich nicht, wenn es Ihnen ebenso geht. Achten Sie doch einmal darauf. Falls es einen Menschen in Ihrer Nähe geben sollte, von dem Sie glauben er könnte sensitiv sein, so nehmen Sie etwas mehr Rücksicht als normal.

Sehr sensible Menschen sind nicht schwach oder weinerlich, sie spüren nur zehnmal intensiver alles um sich herum. Am besten Sie vermeiden es in Ihre Nähe zu kommen, wenn es Ihnen nicht gut geht oder Sie sehr verärgert sind. Für Menschen, die noch nicht medial veranlagt sind, mag dies unvorstellbar sein, doch auch sie werden es eines Tages verstehen können. Ein Medium lebt teilweise mit den Seelen der Verstorbenen zusammen. Man kann sie sehen, hören oder fühlen. Manche haben auch ein falsches Bild davon und glauben man kann sie jederzeit sehen. Doch auch die geistige Welt hat ihre Grenzen. Eine Sitzung muss deshalb auch gut vorbereitet sein.

Es gibt Menschen, die enttäuscht sind, wenn sie aus einer Jenseitssitzung gehen. Entweder hatten sie es sich anders vorgestellt, oder aber sie glaubten die Verstorbenen selbst sehen zu können. Eventuell hat sich auch noch jemand anders gemeldet, als sie erwartet hätten. Auch so etwas kommt in einer Séance vor. Wie ich schon einmal erwähnt habe, können auch manche Zukunftsinformationen deshalb nicht eintreten, da der Klient selbst durch diese Auskunft etwas verändern konnte. Das Schicksal selbst steht auf einem anderen Blatt.

Nehmen wir an, Sie bekommen die Auskunft, dass Sie durch einen Geschäftsabschluss einen großen finanziellen Verlust erleiden werden. Nun denken Sie aber darüber nach und erkennen durch ein vorsichtiges Herantasten, dass etwas Wahres dran ist und Sie verhindern einen Vertrag. Somit haben Sie selbst das Ganze verhindert und erkennen, dass es nicht eingetroffen ist. Auch diese Aussagen haben einen großen Stellenwert.

Ein Medium gibt die Durchsagen weiter, die es aus der geistigen Welt bekommt. Es kann passieren das ein Klient enttäuscht ist, da das Jenseits auch Schattenseiten preisgibt, die man nicht gerne hören möchte. Es gab auch für mich Zeiten, in denen ich manche Informationen erst einmal verdauen musste. Ich versuchte stets mit sehr viel Feingefühl meine Botschaften zu überbringen, doch erkannte ich, dass es an manchen Tagen mehr und an manchen weniger Informationen gab.

Mir ist aufgefallen, dass bei zunehmenden Mond der Zugang für die geistige Welt noch intensiver ist. Sollten Sie es selbst versuchen Ihren Zugang nach oben zu bekommen, so bleiben Sie geduldig. Es zahlt sich eines Tages aus und Reife braucht Zeit und Geduld. Alles Liebe und viel Erfolg.

Geschichten aus der Praxis

An einem Dienstag kam eine Bekannte zu mir die sehr verzweifelt war. Es war keine Sitzung geplant, wir wollten eigentlich nur reden. Ihr Onkel, von dem sie mir nie etwas erzählt hatte, verstarb plötzlich an einem Herzinfarkt. Obwohl sie von all den Dingen, die ich ihr über das Leben nach dem Tode erzählte wusste, war es schwer. Es hatte sie mehr mitgenommen, als sie selbst glaubte. Die beiden hatten wenig Kontakt und dennoch eine starke Bindung. Sie saß noch nicht lange bei mir und plötzlich erschien ein Mann aus dem Jenseits. Sie war sehr berührt als ich ihr eine Beschreibung des Mannes gab und einiges an Botschaften überbrachte. Es war ihr Onkel Reinhardt. Er erzählte, dass er zum Auto gehen wollte, als er zusammenbrach und einen Herzinfarkt bekam. Er schlug mit dem Kopf auf den Asphalt. Sie stimmte mir zu. Weiter erzählte er von dem Anschlag auf dem Oktoberfest, an dem er damals heil davon kam.

Er war noch nicht lange tot und dennoch wollte er sich zu erkennen geben, obwohl dies eher weniger üblich ist. Ebenso erschienen eine hellhaarige Frau und ein Hund, die neben ihm standen. Er verabschiedete sich kurz darauf und sagte, er würde wiederkommen.

Drei Wochen später kam sie erneut zu mir und bat um Hilfe für eine Grabrede, die sie für ihn schreiben wollte. Ihr Onkel selbst hatte sich zu Lebzeiten für eine Feuerbestattung entschieden und dies wurde berücksichtigt. Die Beerdigung zog sich wegen einer Sektion hin. Als wir damit beginnen wollten, etwas für ihn aufzusetzen, stand er plötzlich vor mir und sagte er möchte dabei behilflich sein. Er formulierte plötzlich seine eigene Grabrede. Diese möchte ich mit Einverständnis von Manuela hier einbringen.

Seine Grabrede

Kurz nach meiner Geburt wurde ich schwer krank. Ob ich dieses Leben überhaupt leben durfte? Mein Sohn kam auf die Welt und er war mein ganzer Stolz, auch wenn ich es ihm nie so zeigen konnte. Mein Leben war die Musik und meine Lieder der Spiegel meiner Seele. Vieles, was ich in meinem Leben erreichen wollte, gelang mir nicht. Verständnis, das ich gebraucht hätte, bekam ich nicht. Der Alkohol wurde mein Freund, um zu vergessen. Ein prägendes Erlebnis war für mich das Attentat auf dem Oktoberfest in München. Ich selbst war mitten unter Ihnen, doch keiner fragte mich, ob ich es verarbeitet habe. Menschen, die ich am meisten liebte, verletzte ich aus Gründen der Hilflosigkeit. Kopflastig vergaß ich vieles um mich herum. Trotz meiner Fehler war ich ein Individuum, wie jeder Mensch der auf Erden lebt. Egal, welche Aufgabe ich auf Erden erledigen musste, ich hielt es bis zum Ende durch. Oft erscheint uns mancher weit entfernt, doch er ist uns näher als wir denken. Meine Lebensgefährtin, die Jahre vor mir ging, blickte tiefer in mich hinein, als je ein Mensch zuvor. Voraus ist sie mir gegangen, jetzt bin ich bei ihr denn der Tod ist das Leben.

Eine weitere Geschichte war der Besuch einer Kundin an einem Vormittag. Sie selbst hatte eine Sitzung zum Kartenlegen gebucht und wollte nur etwas über ihre berufliche Laufbahn wissen. Als sie herfuhr, hatte sie einen Blitzgedanken an einen verstorbenen Freund, machte sich jedoch keine weiteren Gedanken. Wir hatten schon eine Zeit mit ihrer Zukunft verbracht, als ich hinter ihr einen Mann eintreten sah, der aus dem Jenseits kam. Er erzählte, dass er in einem Kanal bei Arbeiten ums Leben kam. Meine Kundin schaute mich an und bestätigte mir, dass sie noch gerade bevor sie kam an diesen Freund aus der Vergangenheit dachte. Er ist wirklich bei Arbeiten als er in einen Kanal stieg ums Leben gekommen. Sie kam lange Zeit nicht darüber hinweg. Sie freute sich sehr und nahm gerne weitere Botschaften an, die ihr halfen endlich loszulassen.

Jasmin, eine weitere Kundin kam zu mir, weil sie ihre beiden Söhne durch einen Autounfall verloren hatte. Sie selbst war spirituell schon sehr weit entwickelt und wir führten lange Gespräche darüber. Kurze Zeit saßen wir bedächtig da, als ich ihre beiden Söhne wahrnehmen konnte. Sie selbst hatte mir nichts persönliches über ihre Kinder erzählt. Einer von ihnen erzählte mir, dass man für ihn einen Baum gepflanzt hat, der ihm als Ruhestätte diente. Weiter erzählte er von seinem Lieblingsplatz auf der Terrasse, wo er gerne alleine am Rande einer Bank saß. Ihr anderer Sohn erzählte, wie sich der Unfall ereignete und meine Kundin war sehr erstaunt über dieses Erlebnis. Es zu wissen ist das eine, es zu erleben, das andere. Wir haben auch heute noch miteinander Kontakt.

Von einem weiteren Autounfall handelt meine nächste Geschichte. Zwei junge Frauen kamen zu mir und fragten mich, ob ich nicht Botschaften von ihrem Bruder überbringen könnte, der vor einem halben Jahr tödlich verunglückte. Ich erklärte Ihnen, dass ich ihn nicht rufen werde, sondern wir nur hoffen können, dass er sich in einer Jenseitssitzung meldet. Ich nahm mir viel Zeit und verlangte auch kein Geld, da ich das Gefühl hatte, er hat sie zu mir geführt. Ich war gerade dabei die beiden über diese Materie aufzuklären, als er erschien. Die beiden jungen Frauen konnten ihn nicht sehen und sagten, sie glauben mir das jetzt nicht so ganz. Ich sagte, sie müssen geduldig sein, die

Botschaften würden erst rüberkommen. Sie wurden still und hörten mir gebannt zu. Er erzählte, dass seine Mutter ein Bild von ihm gemalt hat, das auf der Heizung zum Trocknen liegt. Weiter sagte er, dass er einen Ring am Finger hatte, der beim Unfall nicht mehr aufzufinden war. Ein Mann an der Unfallstelle hat ihn gefunden und mitgenommen. Er erzählte, dass von rechts ein Tier über die Straße gehüpft sei und alles ging sehr schnell. Beide sahen mich an und bestätigten mir, was ich ihnen erzählte. So vergingen ca. vier Stunden und beide freuten sich, dass er hier war. So gäbe es noch viele unzählige Geschichten aus meiner Praxis und ich selbst freute mich stets über die Nachrichten aus der Welt von morgen.

Schlusswort

Wir können die Welt nicht verändern, doch jeder Einzelne kann einen Beitrag dazu leisten. Lernen Sie sich und das Leben zu lieben. Sprengen Sie die Ketten, alles was behindert, krank und festhält loszulassen. Es kommt nicht darauf an, welchen Glauben wir haben oder wer oder was wir sind. Folgen Sie der Stimme Ihres Herzens und bleiben Sie in Ihrer eigenen Mitte. Wir können nicht von anderen verlangen, dass sie sich ändern, wir können nur beginnen uns selbst zu verändern. Egal, was andere glauben oder nicht, wir sollten uns ein eigenes Bild davon machen. Kommen wir aus einer Opferhaltung, so gehen wir gestärkt hervor. Unsere Träume beginnen in unserem eigenen Kopf. Wir sollten aufhören danach zu streben, was uns nicht glücklich macht. Lösen wir uns aus Verstrickungen, so können Ängste vergehen. Eigene Schattenseiten zeigen uns den Weg ins Licht. Lernen wir das Allumfassende zu sehen, nichts zu bewerten und wir selbst zu sein, werden wir erkennen, wo wir hingehören. Und bedenken Sie, die Kunst einem jeden Recht getan, ist eine Kunst, die niemand kann.

Viel Licht und Liebe wünscht Ihnen auf Ihrem Weg

Ihre Karina Traxinger